1964年の東京パラリンピック

すべての原点となった大会

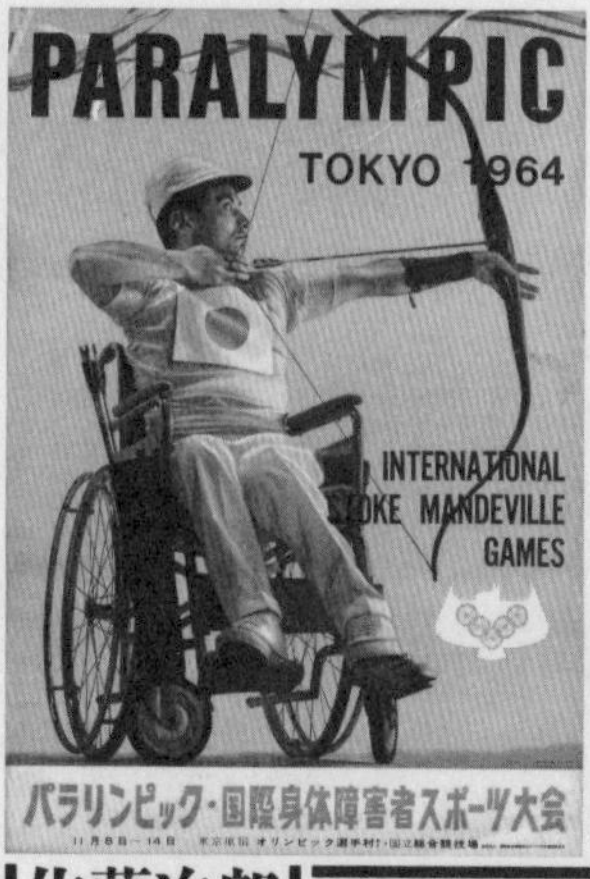

Sato Jiro
佐藤次郎

紀伊國屋書店

1964年の東京パラリンピック
すべての原点となった大会

プロローグ

一枚の写真がある。一九六四年の晩秋に、東京・代々木で撮影されたものである。

車いすの男性が、姿勢を正して右手を斜めに差し上げている。着ているトラックスーツの胸には「NIPPON」の文字。目の前には何本かのスタンドマイク。周りにはその様子をとらえようとしている報道陣のカメラがずらりと並んでいる。眼鏡をかけた男性の顔には緊張感があふれているようだ。

一方、車いすの後ろでは、日の丸つきのブレザーとネクタイで威儀を正した男性が、こちらも背筋を伸ばして直立不動の姿勢をとっている。引き締まった表情が深い感慨をかみしめているようにも見えるのは、写真を見る者がその人物の切り開いてきた道をあらためて思い返さずにはいられないからだろうか。

実際、二人の人物はその時、心からあふれそうになるほどの感慨に浸っていたに違いない。つい何年か前には、この時、この場所に、このような立場で臨むなどとは、双方ともに思いもしなかったはずだ。ところが、思いもよらない道が彼らの前に開けていった。そして、それぞれがそれぞれの立場で、ここに並ぶに至った。二人とも、そこにいて熱い視線を浴びていることを、まるで夢の中の出来事のように感じていたかもしれない。

ただ、経歴も立場もまるで違う二人は、このことを同時に感じ、思っていたのではないだろうか。「これは、いままでにないきっかけになる」「ここから新しい時代が始まるかもしれない」——ということを、だ。

古めかしいモノクロ画面。ドラマチックな動きはない。だが、この場面のことをあれこれと振り返りながら写真を見つめていると、そこに秘められた人々の思いが画像の奥からじんわりと立ち上ってくるのを感じとれるように思える。すぐれた文章の行間から、文字にはなっていないさまざまな意味が読みとれるように、この一枚からも、歴史の流れや、その場に込められた願いの重みや、そこから始まった新たな道のことなどが、しばらく見つめるうちにひとつ、またひとつと伝わってくるように思われる。これは、そんな一枚である。

一九六四年十一月八日、日曜日。直前まで開催されていた東京オリンピックの選手村に設けられた練習グラウンド「織田フィールド」。その日、そこで開かれたのは国際身体障害者スポーツ大会、もうひとつの正式名称は国際ストークマンデビル競技大会、すなわち東京パラリンピックの開会式だ。

車いすの男性は青野繁夫である。戦傷によって車いす生活となり、国立箱根療養所で暮らしていた青野は当時四十三歳。パラリンピックの日本選手団に加わり、開会式での選手宣誓の大役を担った。五十三人の日本選手団の中で数少ない傷痍《しょうい》軍人の一人がこの青野だった。

中国戦線で銃撃を受け、下半身の自由を失ってから二十一年。各地の陸軍病院を転々としたのち、箱根に落ち着いて静かな生活を送っているところでパラリンピック参加の話が降ってわいた。負傷してからはスポーツを楽しむことなどなかった中、かろうじて最低限の練習をこなして大会に臨んだ。選手団で二番目の年長であり、かつ戦傷者でもあるところから、宣誓の大役に選ばれたのだろう。戦禍からの復興を世界に示したいという国民の思いが後押しした東京オリンピック。直後に開かれたパラリンピックでは、戦争の荒波に翻弄された人物が宣誓者となった。時代はまさしく「戦後」だった。

一方、車いすの後ろに立っていたのは中村裕《ゆたか》だ。大分の国立別府病院整形外科科長を務めていた中村は、日本選手団の団長という立場でパラリンピックの開会式に臨んでいた。その時はまだ三十七歳の若さ。背筋を伸ばしてすっくと立ち、宣誓する青野を見つめる表情がひときわ感慨深げに見えるのは、パラリンピック開催へ向けて果たしてきた役割がことのほか大きかったからである。

ついに開催実現にこぎつけた東京パラリンピック。その場に立つ中村には、選手団長でも整形外科科長でもなく、まったく別の肩書きがふさわしかったと思わずにはいられない。すなわち「先駆者」、あるいは「開拓者」である。日本における障害者スポーツの魁《さきがけ》となったのは、まさしくこの人物だった。中村裕がいなければ、その発展はもっと遅れたに違いない。彼は大分の地からかつてない考え方を発信して、未踏の荒野に新たな道を開いてみせたのだ。

振り返ってみれば、これが最初の一歩だった。障害のある人々が社会と隔絶した形でしか生きていけなかった昭和の半ば。この東京パラリンピックも、のちの「パラリンピック」の華やかなイメージとは遠くかけ離れた、地味で小さな大会だった。一般の注目を浴びることはほとんどなかった。その中身も、二一世紀の目から見れば、すべての面で立ち遅れていたと言うしかない。が、あらためて振り返れば、これこそがさまざまな面での原点だったように思える。

　障害者スポーツとパラリンピック運動の振興。障害のある人々の社会進出。世の中のバリアフリー化への動き。二〇二〇年東京オリンピック・パラリンピック開催決定を契機として叫ばれ始めた共生社会の意識——。そうした流れの最初の一滴が、この東京パラリンピックだった。これをきっかけとして、さまざまな発展が少しずつ動き始めたのである。だからこそ、あの写真には見る者に訴えかける力があるのだ。最初の一歩の高揚と重み、さらに、そこにそそがれた多くの情熱のほとばしりが、あの画面からはにじんでいる。

「あそこから始まった」と、当時を知る者は口をそろえる。原点となった東京パラリンピックとは、いったいどんな大会だったのか。あの時、あの会場には、どのような人々の、どのような思いが満ちていたのだろうか。

［写真提供：社会福祉法人 太陽の家］

1964年の東京パラリンピック
すべての原点となった大会

目次

凡例

引用箇所の出典は、各章末の注ないし巻末の参考文献一覧に記した。

引用文は読みやすさを考慮し、明らかな誤字、誤植は訂正、漢字をかなに改めるなどした。ルビと傍点は新たに振った。

省略や著者による注は［　］で示した。後略を……［略］とした箇所もある。

第3章に掲載したポスター、および第5〜7章の写真は、『パラリンピック 国際身体障害者スポーツ大会写真集』（一九六四年）を出典とした。

引用文中には今日の人権意識からみて障害者差別につながる不適切な表現があるが、歴史的事実をそのまま伝えるために、あえて当時の表記どおり掲載した。

＊

本書の編集にあたっては、公益財団法人 日本障がい者スポーツ協会にご協力を賜わりました。

第1章 第一歩

〈そうか、これなんだ。これが「秘密」だったんだ――〉

中村裕はその時、深く深くうなずいたに違いない。「腑《ふ》に落ちる」とは、まさにこのことだと思ったろう。

一九六〇年夏、中村はイギリスにいた。ロンドン郊外のアイレスベリーにあるストークマンデビル病院にしばらく滞在していたのは、なんとしても、そこの「秘密」を知りたかったからだ。

ストークマンデビル病院にはルードウィヒ・グットマン博士がいた。脊髄《せきずい》損傷センターを率いるグットマンの手腕は世界中に知れ渡っていた。センターにやって来るのは、脊髄損傷によって下半身の自由を失った患者である。グットマンの治療とリハビリテーションは、その重度の障害を背負った者たちを驚異的な高率で社会復帰させていたのだ。それが世界中の整形外科医の注目を集めていたのは言うまでもない。

中村もその一人だった。ストークマンデビル病院に到着して以来、彼はそこに何があるのかを探り続け、考え続けてきていた。そして、ようやく答えにたどり着いたのである。

ストークマンデビルの「秘術」

中村裕が欧米をめぐる長い旅に出たのは一九六〇年二月のことだった。まずアメリカ、カナダを回り、その後ヨーロッパへ。イギリスに渡り、ストークマンデビル病院を訪れたのは五月四日だ。以来、中村はアイレスベリーにとどまり、グットマンの「秘密」を見つけ出そうと躍起になっていた。

医師の二男として大分県別府市で生まれ、長じて整形外科医となった中村は、この時三十三歳。若くして国立別府病院（現国立病院機構別府医療センター）の整形外科科長となり、厚生省（現厚生労働省）からの派遣で欧米研修の旅に出た。テーマはリハビリテーションの研究である。

九州大学医学部で指導を受けた天児《あまこ》民和《たみかず》教授から「最近、欧米ではリハビリテーションというのが盛んなようだから、その研究をしてみないか」と言われたのは一九五〇年代の中ごろ。「リハビリテーション」という言葉を、医師でさえ知らなかった時代だった。さっそく取りかかった中村だったが、専門書といってもほとんどない。アメリカのドクターに手紙を出し、ニューヨークにインターナショナル・リハビリテーション・ソサエティという団体があるのを知った。そこを訪れ、リュックサックいっぱいの資料を手に入れて帰ってきたのがスタートだった。
まずはその英文の資料を読むことから始めた。辞書を引きながら、苦労して読み下した。中村は医学専門誌のインタビューでこう語っている。

毎日毎日、英語やドイツ語の本ばかり読んでみて、半年くらいしてやっと、リハビリテーションとはこういうものだということがおぼろげながらわかったですね。じつは初めに辞書をパッと引いたとき、刑務所の受刑者の更生という説明があって、びっくりしちゃったのです。〔略〕しかしだんだん資料を読んでいくうちに、たいへん大切なことだなと気づきました、見るもの聞くもの、まったく新しいことばかりでした。*1

ほとんどゼロからのスタートだったというわけだ。リハビリテーション実践のため、九大病院の整形外科に、水治療法に使う大型浴槽の「ハバードタンク」を設置することになったが、そのころ市販品などあるはずもない。そこで中村が海外の資料を調べ、鉄工所に細かく指示してつくってもらった。そのように、すべてが試行錯誤。とはいえ、好奇心が強く、生来の実行力も持ち合わせていた人物である。未知の分野への挑戦はかえってやる気をかき立てた。学位を取り、天児教授との共著で日本初の専門書も出版して、中村は少しずつリハビリテーション研究の成果を積み重ねていった。
国立別府病院に赴任したのは一九五八年。今度は実際の治療で研究成果を生かす立場である。

「温泉治療のようなもの」などと思われていたリハビリも、わずかながら認知されるようになっていた。といっても、実践はまだ緒に就いたばかり。厚生省派遣の欧米研修は、そんな中で本来の、進んだリハビリテーションを知る絶好の機会だった。

最初に見たアメリカのリハビリ事情は中村の度胆を抜いた。日本では見たこともないような最新の設備が整っている。それに、どれも大規模で、大きなプールを設けているところもある。ということは、設備にかかる費用もけた違いに多いのだろう。確かに素晴らしい。が、これが果たして日本でもできるかといえば、首をかしげるしかない。心中複雑なまま旅するうちにやって来たのがイギリスのストークマンデビル病院だった。この訪問は中村の人生を大きく変え、さらに、日本の障害者スポーツの扉を押し開く役割をも果たすこととなる。

ストークマンデビル病院の脊髄損傷センターは、第二次世界大戦で負傷した兵士のために一九四四年に開設された施設だ。下半身の自由を失って車いす使用となった重度障害の患者を治療し、社会復帰までさせる実績が際立っていたのは世界の医学界の関心の的となり、日本でも紹介されていた。そこにはいったいどんな秘密があるのか。アイレスベリーに向かう中村は胸の鼓動を高まらせていたに違いない。

あらためて驚かされたのは、脊髄損傷患者の社会復帰が予想をはるかに超えて実現していたことだった。そこには驚異の数字が並んでいた。

一九六三年に中村が専門誌に寄稿したレポート「英国国立脊髄損傷センターにおけるrehabilitation の実際について」に添えられた表を見てみよう。患者総数の七六・六パーセントが退院して家庭か公共の脊髄損傷者用の寮で暮らし、自立して生活できるようになっている。老齢者や特に重い障害のある者を除いた数からすると、実に八五・〇パーセントが就職しているのだ。さらに見ていくと、そのうちの五七・二パーセントは、健常者と同様の終日勤務についている。しかも、その多くが数カ月の治療とリハビリで再就職を果たしていた。この成果は、当時の日本の状況からすれば、驚愕《きょうがく》以外の何ものでもなかった。

そのころ、日本で脊髄損傷患者はどんな存在だったのか。中村は著書に「再起不能者とみられていた」と記している。下半身が動かないだけでなく、感染症などで命を落とすことも少なくなかったからだ。そこで、就職して自活するどころか、退院さえも難しいと思われていたのである。整形外科医として多くの患者を診察し、他の医師に先がけてリハビリの研究も進めていた中村だが、それでも、脊髄損傷患者が八五パーセントの高率で就職・社会復帰を果たすという話をにわかには信じられなかったのも無理はない。

その重度障害者が六カ月で、しかも八割以上が社会に復帰するとは――おそらくウソだろう。ザックをかついでノコノコやってきた東洋の若造とみて、軽くホラを吹いているに違いない。[*2]

最初はそう思わざるを得なかったのだと、中村は著書で述べている。それは、日本の状況とはあまりにもかけ離れている話だった。が、滞在を重ねて、医局員として勤務にもつきながら診療やリハビリ訓練の様子をつぶさに見るうち、その話がホラでもウソでもないことがわかった。グットマンが率いるストークマンデビル病院の脊髄損傷センターは、確かにそれだけの成果を挙げていたのだ。

そこで、中村は次の疑問を抱えることになった。なぜ、どうして、それが可能なのか。

脊髄はまさしく人体の中枢といえる。脳からの指令を手足などの身体各部に伝え、また各部からの信号を脳へと伝える役割を担っているのだ。けがや病気で損傷すれば、そこから下には麻痺《まひ》や感覚障害が起こり、回復はほぼ見込めない。リハビリテーション医学が発達する前は、寝たきりでいるしかないと思われていた。なのに、その脊髄損傷による対麻痺《ついまひ》(両下肢《かし》の麻痺)という重度の障害がありながら、半年あまりで就職し、社会復帰していくという、まるで魔法のようなことが、どうして可能になるのか。そこには、よほど特別な治療法、門外不出の秘術ともいうべきものがあるのではないか。ならば、ぜひともその秘術を探り出さねばならない。

厚生省から研修で派遣されている身である。時間に余裕はない。中村はがむしゃらに行動した。雑誌のインタビュー記事で、その時の様子が語られている。

　人のイヤがる当直を全部引き受け、休み時間は朝から晩まで倉庫に入って、その病院がこれまでに扱った患者2000人ぐらいのレントゲンを写し撮り、それを全部覚えたわけです。倉庫に入るのは禁じられていたんですが、そこをなんとか、とグットマンに泣きついて、見逃してもらったんです。そういうふうにして、看護婦の代わりもしたし、いろいろやっ

た。＊3

だが、いくら目をこらしても秘術も魔法も見つからなかった。向こうが隠していたわけではない。中村の疑問に対して、病院のスタッフの一人が「グットマン博士は神でも魔術師でもない」と答えたように、最初からそんなものはなかったのだ。インタビューの語りはこう続いている。

私がもっとも感心したのが、日本のように医者と看護婦だけの回診ではなく、ケースワーカーや労働省からきた身障者の就職専門斡旋《あっせん》員のような人たちも加えたチームで回診を行ない、病気の治療だけではなく、労働者としての人間的な教育や訓練をしながら患者を社会に送りだす、というシステムでした。＊4

中村が見たままのこと、すなわち、医師や看護師だけでなく、当時まだ日本にいなかった理学療法士、作業療法士らに、ケースワーカー、就職斡旋の専門家までも加えたチームが、一人一人の患者に対して、最も適切な訓練や指導を丁寧に施していくことが「秘術」の真髄だったのである。

当初、中村は博士の手術にも注目していた。脊髄損傷患者の早期社会復帰を可能にするような、特別な手術があるのではないかと思ったのだ。だが、その予測も外れた。「手術室でのメスの動きは、しごく平凡だった。はじめは、特別な手術方法を私に見せないようにしているのかとも思ったが、そうではなかった」＊5とは著書の記述。ここにも秘術は存在しなかったのである。中村は「英国国立脊髄損傷センターにおける……」のレポートにこう記している。

彼［グットマン博士］は豊富な神経生理に対する識見と手術経験をもつておられるが、同センターに着任以来、特別の場合を除き外傷性脊髄損傷に対しては観血的治療［手術など、出血を伴う治療］のみならずすべての一時的な力による徒手整復《としゅせいふく》、ギプス床使用に反対であり、脊髄、骨並びに軟部組織を徹頭徹尾温存する方針で早期に rehabilitation を開始し、みるべき治療効果をあげている。私も滞在中経験した手術は褥創成形術《じょくそう》が主であり、脊椎《せきつい》に関するものはなかつた。*6

特別な手術はもちろん、手術で骨折部をプレート固定する整復方法も行わないというのがストークマンデビルの基本的な考えだった。やはり、患者一人一人に合ったリハビリ訓練を早い段階から始め、それをコツコツと積み重ねていくことが、つまり、見ようによってはごく当たり前で誰でもどこでも可能なやり方が、あの驚異的な成果を生んでいたのである。

ここに至って、ストークマンデビル病院を訪れて以来、片時も忘れなかった疑問は氷解した。〈これこそ、我々が学ぶべきものだ〉と中村は確信した。かくして彼は〈こういうことだったんだ〉と深くうなずいたのである。

著書によれば、初対面の時にグットマンと中村はこんな会話をかわしたという。

「きみは日本人か。いままでにも何人もの日本人がやってきたよ。みんながここのやり方を真似したいといって帰っていった。ところが、いまだに一人として実行していないようだ」

「ほんとうにすばらしいものなら、私は真似をする」

「すばらしいと思うかどうかは、きみの主観の問題だ。事実だけをいえば、ここの脊損患者の八五パーセントは、六ヵ月の治療・訓練で再就職している」

「それがほんとうなら、その治療方法をぜひ学びたい」

「納得できるまでいるがよかろう」*7

やりとりからは、グットマンがそれまでの訪問者の姿勢を物足りなく思っていた様子がうかがえる。自分たちの治療・訓練をちゃんと見たのか。その意味するところを十分に理解したのか。ほんの表面だけを見て、わかったような気になっただけではないのか。日本に限らず、世界中からやって来る視察者の中には、真摯に学ぼうという意識に欠けた者もいたのだろう。苦心を重ねて自らの治療法を確立した者としては、問題意識を持たずにただ見て回るだけの訪問客が何とも腹立たしかったに違いない。

中村裕はグットマンの厳しい視線にしっかりとこたえた。この若き俊英には、きちんと納得できるまでものごとを追求していく粘り強さと、そのためには苦労もいとわない実行力があった。なにより、進んだリハビリテーションを学びとって日本の脊髄損傷患者のために役立てたいという情熱が燃え盛っていた。そんな姿勢があったからこそ、ストークマンデビル流の真髄をつかみ、見きわめることができたのである。恩師となったグットマンも〈この男は違う。必ず何かをやり遂げるに違いない〉と思い直したのではないか。

手術よりスポーツ

もうひとつ、何より重要なことを中村は発見した。グットマンの治療・訓練の中心に「スポーツ」があることを見抜いたのだ。

「手術よりスポーツ」「身体障害者に最も有効な治療法はスポーツである」。これがグットマンの考えだった。脊髄損傷で下半身不随になっても、ベッドに寝かせておくのではなく、なるべく早い時期から機能回復を目指すトレーニングを始めさせる。それにはスポーツが最適だとグットマンは考え、卓球や水泳、車いすバスケットボール、アーチェリーなど、さまざまなスポーツをリハビリに取り入れたのだ。当時の日本の医療の観点からすれば、まさしく思いもよらないことだったに違いない。

このセンターでは受傷後数カ月後に症状に適合したスポーツを十分な医学的管理のもとに早期から rehabilitation のプログラムにとり入れ入院中全期間を通じ、また退院後もずっと続けるよう指導している。〔略〕スポーツはほかの理学療法と違いまつたく機械化されたものではなく、変化にとみ自分自身の判断力と力の協調を自然のうちに競技を通じて習得するし、ただ単に残存筋力の増強のみならず、身体の直立および平衡を保つために大切な姿勢感覚の発達に著しい効果がある。またとかく暗くなりがちな患者の気持ちを明るくし社交性をまし団体行動が容易になり退院後の社会人としての生活を営む上で大きなプラスになる。重度の障害者にスポーツなど危険ではないかという疑いを当初は誰しももつ。しかし同センター

中村裕とルードウィヒ・グットマン。
[写真提供:社会福祉法人 太陽の家]

で患者の心理的指導によく用いられ、ひき合いに出る数例のことを考えると自信がでてくる。
＊8

「英国国立……」のレポートで、中村はリハビリテーションにおけるスポーツの効用をこう書いている。当時の日本では、脊髄損傷患者にスポーツを勧めるなどとは、およそ誰も考えもしなかったに違いないが、ストークマンデビル病院での様子を目の当たりにしたことで、中村にはその有用性がすんなりと理解できたようだ。レポートの淡々とした文章の中でいささかトーンの違う、「患者の心理的指導によく用いられ、ひき合いに出る数例のことを考えると自信がでてくる」の表現には、それまで考えたこともなかった方法を思い切って取り入れようとする決意がにじんでいる。〈危険ではないのか〉〈いや、そんなことはない。やってみれば、必ず効果が出るはずだ〉――そんな心の動きがこの文章からは読み取れる。

前出の雑誌インタビューでは、もっとざっくばらんな言葉でスポーツの効用を語っている。

むこうでは、手足の麻痺した患者でも、少し動けるようになったら、そのまま卓球場に連れていってラケットを握らす。そうすることでバランスの訓練をするんです。あるいはフラフラしている人をプールに投げ込み、理学療法士がマンツーマンで指導する。実にダイナミックなんですね。温泉につかるような受動的な方法ではなく、自分の筋肉を使って自らはい上がっていく、というような能動的な治療をする。そして心電図などを使いながら、それを科学的に裏づけているわけです。
そこで私も、こういうやり方を日本でもやろうと考えた。[*9]

「フラフラしている人をプールに投げ込み」という表現に、驚きと衝撃の深さがうかがえる。それほど衝撃的だった分、効果のほどもよくわかったということだろう。

こうして中村裕の心は決まった。

私は、このストークマンデビルではじめて一つの大きな目標を与えられたように思った。グットマン博士の「手術よりスポーツ」という治療方針も、リハビリテーション医学として最も正しいことが理解できた。[*10]

著書にある文章。短い、簡潔な表現が、かえって得たものの大きさ、決意の固さを物語っている。大学の恩師からリハビリテーションの研究を勧められ、資料もないまま暗中模索で歩み始めた道の向こうに、この時、明確な具体的目標がはっきりと見えたのだった。

カネとモノがなくても

アメリカ各地を回り、ヨーロッパでもイギリス以外にドイツ、オーストリア、スイスなどを訪れた、半年にわたる視察の旅。多くの医療機関を見て回った中で、イギリスのストークマンデビル病院に強く引きつけられたのには、ほかにもいくつかの理由があった。たとえば病院のたたずまい、その雰囲気である。医学誌のインタビューで中村はこんなふうに語っている。

そこ［ストークマンデビル］の施設にしばらく滞在させてもらっている間に私は、イギリスのリハビリテーションを大いに学ぶべきだ、アメリカとだいぶ違う、ということを感じ取りました。アメリカのものは、［略］広いところで、自動ドアがあったり、トイレも完備している。すばらしいＡＤＬの道具もあるし、平行棒もぜんぶステンレスでぴかぴかしていました。ところがイギリスのストークマンデビル病院は、建物自体も国立別府の海軍病院の兵舎のあとに造った粗末な木造の病院とまったく同じだったんです。広いところに平屋建てで、設備も決してよくないし、個室なんかありません。20人くらいの大部屋でした。リハビリテーション・センターもそんなに大きくないし、使っている道具も、われわれにできそうなものばかりです。平行棒もぜんぶ木製です。しかし「使っとるなあ」というのがよくわかるのは、人の手でピカピカに光っておるのですね。*11

他の追随を許さない、抜きん出た成果を生んでいるのに、その舞台となる建物はといえば、最新どころか粗末にさえ見える木造で、使っている器具も質素なものばかり。が、しげしげと見れば、よく使い込まれているのがわかる。それだけ熱心にリハビリが行われているということだ。

中村は、平行棒の木のバーが渋い光を放っているのにいたく心を打たれた。けっして高価なものではないが、人の手が触れ続けることでピカピカになるほど役に立っているのである。アメリカの最新鋭の器具が金属的な光を放っているのとはまるで違うと中村は感じ入った。彼の目には、それこそが驚異的な社会復帰率の象徴のように見えたのではないか。

そのしぶい光りかたを見て、金のない当時の日本、とくに予算の少ない国立病院は、アメリカよりヨーロッパ、とくにイギリスに学ぶべきだと私はその時に強く感じました。天児先生からリハビリテーションの研究を命ぜられ、わけのわからないまま始めて、まずアメリカに行ってみて、病院のすばらしさ、リハビリテーションのピカピカな道具にびっくりし、日本の国立病院ではとても……という気がしましたが、実際にはあまり使われてないような印象をうけました。ですから、イギリスに行って、「これだッ」と思いましたね。*12

アメリカとイギリス。ともに世界をリードしてきた先進国だが、医療面での肌合いはまったく違っていた。豊かなモノとカネで大規模かつ最新鋭の設備をつくっていく、いわば物量のアメリカ。一方、イギリスは、設備は質素で古びているが、その奥には豊かな経験と実践的な知恵が詰まっている。自らも公立の病院でカネとモノの苦労をしてきた中村は、すぐさまイギリス式に共感した。実行力では誰にも引けをとらない人物だ。日本に帰って、学んだことを実践に移すにはどうしたらいいか。予算の乏しい中で役に立つのはどちらか。そこを見据えれば、英米どちらをお手本にすべきかは考えるまでもなかった。

ほかにも、ストークマンデビルのやり方で強い感銘を受けたところがあった。センター長のグットマン博士をはじめとするスタッフたちの献身的な努力である。

脊髄損傷患者で特に注意しなければならないことに、褥瘡《じょくそう》と尿路感染がある。一般的に「床ずれ」といわれ、周辺部の壊死《えし》や合併症を引き起こす褥瘡。排尿障害でカテーテルを使うために起こりやすい尿路感染。どちらも重大な結果につながりかねない。それらの点に十分な注意を払わなければ、治療やリハビリどころか、命の危険さえ出てくる。中村が感嘆したのは、その対応が万全だったからだ。

びっくりしたのは、けがをして何カ月間も小便が無菌尿であるために、デイアンド・ナイト、2時間おきに体位変換をして、褥瘡を絶対につくらない。これはほんとうに絶対につくらんということを実際に見ました。尿路感染も絶対にさせない。アメリカを見てからイギリスに渡った私にとって、非常な驚きでした。アメリカの脊損センターにはそんな成績はなかった。イギリスで立派な成績をあげているのは、施設、治療道具によるのではなく、人間愛と、グットマンという猛烈に厳しい先生の信念のもとに皆が働いておったからなのですね。ほんとうに驚きましたし、感心しました。*13

治療とリハビリは、幅広いチームを組んで行う。チーム全員がリーダーの考えをよく理解し、指示を的確に守って、一体となって動いていくのだ。中村が指摘しているように、グットマンは治療とリハビリに関してはきわめて厳格な姿勢を崩さず、スタッフに対する要求も厳しかった。それでもチームがまとまりを保って献身的に動いたのは、それが間違いなく患者のためになり、早期の社会復帰を実現する道なのだと、全員が確信していたからだろう。「人間愛」といういささか大仰な言葉からは、中村の感激がそれだけ大きかったことが伝わってくる。

これらの経験は、医師としての中村裕の考えを根本的に変えていった。日本では、けがや病気に対処すれば、それで医療の仕事は終わりと認識されていた。うまく手術をすれば名医といわれる。が、イギリスではそうではなかった。けがや病気を治療したうえで、患者が社会復帰を果たすまで一貫して面倒をみていくのが医療とされていたのである。治療のみにとどまっていては、医療の役割の半分しか果たしていないということなのだ。

リハビリテーションに限らず、医療というものは人間を相手にするのであって障害だけを相手にするのではない。脊髄なり骨なりをついだだけで立派な医者というわけにはいかない、最後までその人の世話をしなければいかんということは、アメリカでもよく聞きましたが、イギリスに行って実際に見て、なるほどこれだなと思いました。*14

リハビリテーションが日本に入ってきた当初は「更生」「機能訓練」などと訳されていた。一般に広く認知されるようになってからも、手や足の機能回復訓練という狭い意味でとらえられることが少なくなかった。だが、ラテン語の語源が「再び適合させる」「復権」などの意味を持つように、本来の趣旨は、すべての面で人間らしく生きる権利を回復させるというところにあるのだ。ストークマンデビルの経験で、中村はその本義を悟ったに違いない。

治療にとどまらず、社会復帰まで。日本に帰ったら、そのことも必ず実践に移さねばならないと中村は決意した。それが、かつてない画期的な試みとして大きな成果に結実するのは、およそ五年後のことである。

ストークマンデビルで、またイギリス全体でそうした考え方が浸透し、それによって患者の就職や社会復帰が進んでいるのは、その土台に先進的な福祉制度があるからだとは、中村も十分承知していた。調べてみると、身体障害者の雇用義務などを定めた法律があり、「揺りかごから墓場まで」といわれる社会保障制度が整備されていて、障害者が家庭で生活していくために必要な器具が支給されるサービスもあった。就職のためには、障害者専門の就職斡旋機関があり、重い障害のある者には政府が設けた工場があり、家庭から仕事に通えない場合には、病院と同程度の設備を備えた施設が用意されていて、そこに住んで通勤することになる。それだけの態勢を当時のイギリス社会は整えていた。

一方、そのころの日本はといえば、重度の身体障害者は「再起不能」としか思われていなかった。職についている者はわずかで、それも自営ばかり。会社に就職して毎日通勤するなどとは誰も考えなかった。それどころか、障害はできるだけ隠すものだという意識も強かったようだ。そうした差を目にするにつけ、中村は打ちのめされるような思いを味わったのではないか。

とはいえ、それを嘆いていても何も始まらない。そこはすぐに変わるものではない。「手術よりスポーツ」「治療だけでなく、社会復帰まで」という明確な指針と目標とを中村はつかんでいた。しかもそのことは、ストークマンデビル病院の例にみるように、医師をはじめとするスタッフの努力で達成できるのだ。カネとモノがなくとも、信念と情熱があれば前に進んでいくことができるのだ。帰国の途についた中村は確かな手ごたえを感じていたに違いない。彼の目には、進むべき方向、真っすぐに理想へと続く道のりがくっきりと見えていた。

これは大いなる入り口だった。ここから、中村裕という人物を介して、さまざまな面で新たな道が開かれることになるのだ。中村の頭には、まず第一に「スポーツ」があった。若き医師の渡英と帰国後の試みは、日本の障害者スポーツの、最初の重い扉を押し開くのである。

＊1・11〜14
『整形・災害外科』二四巻三号（金原出版、一九八一年三月）
＊2・5・7・10
中村裕『太陽の仲間たちよ』（講談社、一九七五年）
＊3・4・9
『キャリアガイダンス』一六巻二号（日本リクルートセンター、一九八四年二月）
＊6・8
「英国国立脊髄損傷センターにおける rehabilitation の実際について1」（『整形外科』一四巻七号、南江堂、一九六三年七月）

第2章 先駆者

ストークマンデビル病院での初対面以降、中村裕はルードウィヒ・グットマンを生涯の師と仰いだ。脊髄損傷患者のために力を尽くそうとする強い信念と、スポーツを治療・訓練に取り入れて並ぶもののない成果をもたらしてきた実行力とが、東洋からはるばる訪れた整形外科医の心をつかんで離さなかったのである。困難に取り組む気概と、思い立ったことは少々強引にでも押し進めていく姿勢とは、二人に共通するものだったかもしれない。

そのグットマンが「パラリンピックの父」と呼ばれるのは、第二次世界大戦が終わって間もない時期に、早くも障害者スポーツ発展へと直接つながる種をまき、それを着実に育ててきたからだ。最初の一歩がたまたま発展へとつながっただけではない。グットマンは遠い将来までも見通して、その活動を始めたように思える。彼がいなかったら、障害者スポーツの発展も、その頂点にあるパラリンピック大会の隆盛も、ずいぶんと遅れていたに違いない。この先駆者は独力で、ただ強い信念を原動力として、歴史的な偉業をなし遂げてみせたのである。

パラリンピックの父

身体障害者に対する運動訓練の歴史は古い。紀元前にも医療目的で運動を行っていた例があるという。スポーツが障害者の機能回復に役立つという事実は、医学が発達する以前からよく知られていたのだ。

一九二二年にイギリスで創設された「Disabled Drivers' Motor Club（身体障害者自動車クラブ）」のポスターは印象的だ。中央に大きく「Do you want to Drive a Car」とあり、さらに「Disability need not be Immobility」という文字が躍っている。「障害があっても、じっとしているつもりなどない」と高らかに宣言しているのである。このクラブは障害者にも運転できるように車を改造する活動を進め、障害者ドライバーによるカーレースも行った。

イギリスのゴルフ団体「British Society of One-Armed Golfers」の会員は、片腕でハンディ15からハンディ24というレベルに達し、最も優秀なメンバーはハンディ4の腕前を誇っていたという。これは一九三二年の創立。これらの例にみるように、この時代から、障害があってもスポーツを楽しみたい、さらに高いレベルで競技をしてみたいという気運はしだいに高まっていった。

ただ、それらはまだ一部のことだったに違いない。障害者のスポーツへのかかわりは、欧米のいくつかの国に、それも限られた立場の人々にとどまっていた。発展への糸口は顔を出していても、確たる将来像はあまり見えていなかったように思われる。

そこに登場したのがルードウィヒ・グットマン博士だった。まず医療にスポーツを本格的に取り入れるという画期的な実績を築き、さらに医療の分野を超えて障害者スポーツの豊かな将来性を見きわめ、発展へと直結する新たな道を開いたのがこの人物だ。「パラリンピックの父」と呼ばれるゆえんである。


ルードウィヒ・グットマンは一八九九年七月、旧ドイツ帝国領だった上シレジア地方のトストで生まれた。下シレジアの中心都市、ブレスラウ（現ポーランド・ヴロツワフ）の大学で医学を学び、医師になってからももっぱら大学の恩師のもとで働いた。神経外科医として高い評価を得ながらも、結局は故郷を後にすることになったのは、彼がユダヤ人だったゆえである。

一九二〇年代から急速に台頭したナチス。一九三〇年代に入って政権につくと、ユダヤ人への迫害を強めた。一九三八年十一月には、ドイツ全土でユダヤ排斥の暴動が起こり、これはのちに「水晶の夜」として語られることになる。多くのユダヤ人の商店や住宅、企業が襲われ、破壊されて、路上に散乱したガラスの破片が水晶のように見えたという出来事だ。

ここに至って、ブレスラウにいたグットマンにも身の危険が迫った。その四か月後、四十歳になろうとしていた彼は、妻と二人の子どもを連れ、イギリスへと逃れる。着の身着のまま、無一文での渡英だったという。強制収容所に送られて亡くなった親族もいたようだ。自分の信じるところへ突き進む強靱な精神力は、こうした迫害に耐え、はねのけていく日々でも培われたのかもしれない。

　イギリスに渡ってからは、しばらくオックスフォードの大学に身を寄せて研究や調査を行っていた。神経外科の名医としての本領をいよいよ発揮することになったのは一九四四年だ。ロンドン郊外のストークマンデビル病院に新設された脊髄損傷センターのセンター長に就任したのである。

　時は第二次世界大戦のただ中。ノルマンディー上陸作戦でドイツ占領下のヨーロッパ大陸への反攻に臨もうとしていたイギリスは、激闘による戦傷者の急増を見越してこのセンターを設けた。国の存亡が懸かった戦争のさなかでも、戦傷者に手厚い対応をしようという考え方は、福祉大国ならではと言えるだろう。

　着任したグットマンは部下の神経外科医、整形外科医、泌尿器科医らとともに、理学療法士、作業療法士、医療体育指導者らのスタッフとチームを組んで、精力的に診療とリハビリ訓練を行った。先にも触れたように、手術やプレート固定などはかえってマイナスになるとして避け、できるだけ早期に地道なリハビリをできるところから始めるのが彼の基本方針だった。中村裕は、ストークマンデビル病院の治療を紹介する前出のレポートで、患者に対するリハビリテーションがどう進められているかを詳述している。

> 心理的並びに身体的条件を考え個々の症例に応じた処方を行ない、できるだけ早期に開始し、しかも入院期間中、連続的にする。［略］麻痺した部分に対しては正しい関節肢位《しい》に保持し、褥瘡を作らないよう努力するとともに他動的に麻痺肢の諸関節を動かすことが重要であ

る。さらに残存した健常部に対しては筋力と関節機能を代償的に過剰発達させることが最も大切である。[*1]

レポートによれば、リハビリはこのような順序によって行われていく。

a 関節の他動運動
b 通電
c ベッド上の回復訓練
d 血管運動神経の調整
e 姿勢感覚の回復
f プール療法
g 懸垂療法
h 筋力増強抵抗運動
i バランス訓練
j 起立訓練
k 歩行訓練
l 車椅子訓練
m 日常生活動作訓練

n リクリエイション
o 医療スポーツ*2

中村はまた、これらのリハビリ訓練を徹底して行う一方で、合併症の予防のために最大限の注意が払われていた点も指摘している。脊髄損傷患者が合併症を引き起こす主な要因である褥瘡と尿路感染。それらを絶対に起こさないようにせよというのがグットマンの厳命で、そのためにスタッフはあらゆる努力を惜しまなかった。

ストークマンデビル病院を訪れた中村を驚かせ、感嘆させた驚異的な社会復帰率。そこには特別な秘術などは何もなかった。患者をベッドに寝かせたままにすることなく、できるだけ早い時期からさまざまな訓練を段階的、継続的に行うことで、失った機能を少しでも取り戻すとともに、残った健常の部分を鍛えて、麻痺した部分の機能をカバーできるようにする。そのリハビリが最大限に生きるように、合併症防止には全力をそそぐ。その両輪を徹底的に押し進めることが、患者の八五パーセントが社会復帰を果たすという際立った実績を生んでいたのである。医師、看護師、理学療法士、作業療法士らのチームが患者のためにそそぐ情熱と努力こそが「秘術」の正体だったとも言えようか。

それまでは、イギリスでも脊髄損傷患者は不治とみられており、社会復帰どころか、合併症によって長くは生きられない存在と目されていた。患者に希望はなかった。そうした状況をグットマンは大きく変えたのである。

ストークマンデビル病院の脊髄損傷センターができたばかりのころ、ここに運ばれた戦傷者の一人はこう語ったという。

「生涯において最も惨めな姿でストークマンデビル病院に辿りつき、最初に期待できる言葉をかけてくれたのは、一人グットマンだけであった」

絶望するしかなかった患者に初めて希望の灯を示してみせたのがグットマンだったのだ。脊髄損傷患者治療の歴史の中で、彼の果たした役割がいかに大きかったかは、このひとつの言葉からもうかがえる。

グットマン自身は、邦訳されている著書でこう述べている。

麻痺障害者の神経筋システムの再適応力および代償能力を、潜在している生物本来の回復力とともに引き出し、高め……［略］*3

つまりは、人間の身体が本来秘めている力を、さまざまな方法で引き出していくということだろう。よく知られている「失ったものを数えるな。残っているものを最大限に生かせ」というグットマンの名言は、まさしくその治療・リハビリの根幹でもあったのだ。

こうしてストークマンデビルで患者の治療に力を尽くすうちに気づいたのが、リハビリの方法としてのスポーツの力だった。患者の社会復帰を後押しするのに、スポーツは身体的にも心理的にもきわめて有効だとわかったのである。グットマンが確信を抱くのに時間はかからなかったに違いない。著書の言葉には自信が満ちあふれている。

障害者にとって、スポーツは最も自然な治療訓練であり、また在来の療法を補足して、より以上の効果をあげ得るものである。スポーツは、身体的適応、すなわち、筋力、共同運動、スピード、持久力を回復するために非常に有効である。筋力を伸ばすために自分自身と闘って、リハビリテーションの初期に現われてくる疲労を克服することを学ぶ。特に、骨折や切断や麻痺を持つ者にこのことは顕著である。

障害者にとってスポーツは単なる身体的治療のみでなく、より深い意味を含んでいる。スポーツの最大の利点は、普通の治療訓練に比べて、そのレクリエーション的価値にある。そしてスポーツは人間の奥底にもっているスポーツのもつ遊戯性に対する欲望と、生活の中に喜びを見出したいという意欲を取り戻させることにより、一層の自発性をもたらすのである。そして、それが人間本来の姿である。*4

そこでグットマンはリハビリにスポーツを積極的に取り入れた。最初はパンチボール、ロープクライミング。続いてスヌーカー（球撞《たまつ》き競技の一種）やダーツ、水泳。さらに車いすポロ、車いすバスケットボール、アーチェリー、卓球といった競技性の強い種目も加えた。そこで、「フラフラしている人をプールに投げ込み」と中村裕が目を見張ったような光景が当たり前になったのである。中村は「ある意味では、きわめてスパルタ的」と感想をもらしているが、その思い切ったやり方は、効果のほどに確信があり、かつ、スポーツに取り組む患者に対して、医療チームが万全のバックアップ態勢を敷いていたからこそできたものだろう。

最初は目を見張って驚いた中村が、しばらくするうちに「『手術よりスポーツ』という方針が、リハビリテーション医学として最も正しい」と納得したように、効果のほどは抜群だった。スパルタ的に見えるだけに、当初は理解者も限られていたかもしれない。が、実例を参照しつつ冷静に検討していけば、スポーツがきわめて有効なリハビリの方法となり得るのは誰の目にも明らかだった。ここで確立された流れは、しだいに世界中へと広まっていく。

障害者スポーツの可能性

スポーツによる訓練を実践する中で、グットマンはあることに気づいていた。障害者にとって、スポーツは治療やリハビリの方法だけにとどまらないのではないか。健常者の場合と同じく、競技としても成り立つのではないか。彼は障害者スポーツの可能性をも見出したのである。

著書にはこんなくだりがある。

　対麻痺障害者の競技性のあるチームスポーツという考えは、１９４４年の秋のある日の午後に思いついた。その時、私は車椅子に乗った体育の教師であったＴ・Ｓ・ＨＩＬＬに動きを妨害されないように、車椅子に乗ったままで、木槌のようなステッキの曲がった部分でボールをたたいてそれを追いかけていた。私たちの動きはぎこちないものであった。そして私には次の2つのことが明らかになった。

1車椅子でのポロ（著者は心の中でそう名付けていた）が、対麻痺障害者のチームスポーツとして取り入れることができるということ。

2足を静止したまま車椅子を動かすことが非常に難しく、むしろ対麻痺障害者の方が、健常者に比べて有利に行えるスポーツがまさに生まれようとしているということ。＊5

その時、博士は自ら車いすに乗って、体育教師とともに、患者のできそうなスポーツを試していたのだろう。イギリスではポロ競技が盛んに行われていた。馬に乗って、マレットと呼ばれるT字型のスティックで木製のボールを打ち合い、相手のゴールに入れて得点を競うチームスポーツである。馬の代わりに車いすを使うと考えれば、脊髄損傷で対麻痺になっている人も十分に楽しめるスポーツになるのではないか。自らやってみたうえで、グットマンはそう判断したのだ。

こうした試みによって、各種のスポーツは、工夫しだいで車いす使用者が幅広く取り組めるものとなるのがわかった。リハビリの方法として活用するだけでなく、一歩進んで気晴らしや日々の楽しみやレクリエーションとして、さらに体力や技を磨いてレベルの向上を目指す競技としても成り立ち得るということだ。このようにして、医療の枠を超えた、より一般的で幅広い概念が、すなわち「障害者スポーツ」という考え方が生まれたのである。

この時、グットマンはもうひとつ重要なことに気づいている。車いすを使うという条件のもとでは、使用に慣れている障害者の方が健常者より有利だと見抜いたのである。「［健常者は］車椅子を動かしながら、同時に小さな円板や重みのある球をマレットで打とうとすれば、おそらく車椅子から転げ落ちてしまうであろう」*6と彼は記している。つまり、車いす使用という形を共有すれば、障害者と健常者が一緒にプレーできるし、障害者の方が有利に試合を進めることもできるというわけ

車いすでのポロに興じる人々。
［出典：グットマン『身体障害者のスポーツ』］

だ。

その時点から数十年がたったのち、障害者スポーツではまさにそうした流れが生まれ、定着しつつある。健常者と障害者が一緒に車いすバスケットボールをやったり、シッティングバレーボールを楽しんだりという状況が日常的に見られるようになっている。健常者が目隠しをして、視覚障害者とゴールボールやブラインドサッカーをプレーするのも可能だ。いわゆる障害者スポーツが、障害者の枠を飛び出して、誰でもできるユニバーサルスポーツとしての側面も持つようになっているのである。グットマンは早々と、そうした方向性をも見据えていたのではないだろうか。

硬い木製ボールやスティックを使うポロでは、荒っぽいプレーによるけがが避けられない。そこでグットマンは、同じようにエキサイティングなチームスポーツとして車いすバスケットボールを奨励した。障害者スポーツの一番の花形となっていく競技だ。アーチェリーや卓球も盛んに行われるようになった。こうしてストークマンデビルでは、車いすの人々が熱心にいろいろな競技に取り組むのが当たり前の光景になったのである。


これらの試みによって、麻痺障害者のための競技スポーツの系統的な発展が始まったのである。そして、麻痺障害者の医学的リハビリテーションに役立っただけでなく、毎日の生活の中で何らかの形でスポーツが非常に重要な役割を果たしているイギリスの地域社会において、麻痺障害者が再び地域社会にとけ込んでいくために重要な役割を果したのである。*7

グットマンが記しているように、スポーツが文化として楽しみとして日々の生活に浸透しているイギリスならではの試みであり、成功だったと言えるのかもしれない。とはいえ、彼はこの時、確かな手ごたえを感じていたろう。その見通しの通り、障害者とスポーツの関係はしだいに世界中で深まっていくことになる。

車いす競技会の誕生

そんな中で、スポーツの歴史に燦然《さんぜん》と輝く日がやって来る。一九四八年七月二十九日。ストークマンデビル病院では十六人の車いす選手の出場でアーチェリー大会が開かれた。障害者スポーツの可能性に着目したグットマンが最初に企画した競技会がこれだ。パラリンピックのルーツとされる第一回のストークマンデビル競技大会である。

大会は八人ずつのチーム対抗戦で行われた。一方はストークマンデビル病院の患者から選ばれた選手たち。もう一方は、やはりロンドン郊外のリッチモンドにある戦傷軍人施設「ロイヤル・スター・アンド・ガーター・ホーム」からやってきたチーム。十六人のうち、十四人が男性で、ストークマンデビルのチームに二人の女性が加わっていた。

この大会は、在郷軍人会などからストークマンデビル病院の患者のために贈られた特別仕様バスの贈呈式の日に開かれた。贈呈を祝うタイミングをとらえて、グットマンが念願の競技会開催に踏み切ったということだろう。ささやかで地味な企画は、世間にはまったく知られることもなかったろうが、少し前までは「不治の患者」「死ぬのを待つしかない存在」とみられていた脊髄損傷患者による競技会を実現させたのは、歴史の一ページに書きとどめるべき快挙と言っていい。

この日付、一九四八年七月二十九日には特別な意味があった。第二次世界大戦によって二大会が中止となったのち、十二年ぶりに開かれたロンドンオリンピック。この日は、三十五マイルしか離れていないウェンブリースタジアムで開会式が開かれていた。大戦後、初めてオリンピックが復活した日に、のちにはオリンピックとも肩を並べようとするまでに発展していくパラリンピックのルーツ大会が、すぐ近くで開かれていたのだ。

グットマンが、最初から意図してロンドンオリンピックの開会式と同じ日を選んだかどうかはわかっていない。先にバスの贈呈式が決まっていて、たまたま同じ日になったのか。あるいは、どうせなら同じ日にやりたいとすべてのスケジュールを合わせたのか。ただ、いずれにせよ、初の大会がオリンピックの開会式と同じ日の開催となったのをグットマンが強く意識していたのは間違いない。著書にはこうある。

この競技は、オリンピックがロンドンで開かれる同じ日に開催された。小規模ではあったが、その大会は競技スポーツが健常者の特権ではなく、脊髄性麻痺障害者のような重度障害者でも、その気になれば、スポーツができるということを世間に示した。*8

ここでスタートを切ったストークマンデビル競技大会は、少しずつ出場者と種目を増やしながら発展していった。「ロイヤル・スター・アンド・ガーター・ホーム」のほか、近隣の病院や施設にも声をかけ、輪を広げていった。翌四九年の第二回大会は、アーチェリーのほかに、バスケットボールに似た競技のネットボールを加え、六十選手の参加で行われた。ほんのささやかな大会であるのに変わりはなかったが、グットマンには前年の第一回とはまた違う感慨があったようだ。それは著書の記述からもうかがえる。

1949年の表彰式において、著者はその年の大会の成功に感動して、将来を思いながら次のように述べた。「ストーク・マンデビル競技会が真に国際的となり、身体障害者にとってオリンピックゲームと同じように世界的に有名な大会となる時がくるだろう。」*9

まだ二回目。参加選手も種目もわずか。それでもグットマンは将来へと思いをはせた。ただの希望的観測や外交辞令ではあるまい。ゼロから道を開いてきた先駆者としての感覚が、障害者スポーツの将来性を的確にとらえていたのではないか。「オリンピックと同じようになる」と言い切ってみせた先見性は、まさしく「パラリンピックの父」ならではと言えるだろう。

博士の思いに地元紙もこたえた。第二回大会の開催をこの見出しで報じたのだ。

「Olympic Games' of Disabled Men is Born at Stoke」

障害者のオリンピックがストークマンデビルで生まれた。客観的にみれば、その表現はあまりに大仰にすぎるというものだ。当事者であるグットマンはともかく、たまたま立ち寄っただけであろう記者が、そこまで将来を見通していたとは思えない。おそらくは、グットマンの挨拶を聞いて、「オリンピック」の言葉を使ったのだろう。とはいえ、この見出しも、巧まずして早々と将来を予言することになったのだった。

一九五〇年の第三回、五一年の第四回では参加選手が百人を超えた。五二年の第五回には、オランダの戦傷軍人が参加して、初の国際大会となった。「真の国際大会になり、将来はオリンピックのような存在になる」というグットマンの夢は、ここで実現への最初の一歩を踏み出した。

その後も大会は着実に規模を拡げていく。参加国は十を超え、さらに二十カ国以上と広がっていった。参加選手も二百人、三百人と増えていっている。ひとつの大きな節目を迎えたのは、中村裕がストークマンデビルを初めて訪れた一九六〇年だ。この年、ストークマンデビル大会は初めてイギリスを離れてイタリアのローマで開かれた。夏季オリンピックが開かれた都市で、オリンピック開催後に開くという形はこれが最初だった。二十三の参加国から四百選手が参加したこの第十三回は、国際パラリンピック委員会が設立されたのち、第一回のパラリンピック大会として認定されている。

ルードウィヒ・グットマン。この先駆者が故郷を離れることを余儀なくされなければ、その渡英がストークマンデビル病院に脊髄損傷センターが開設されるというタイミングに合わなければ、障害者スポーツの本格的な発展は大きく遅れていたように思われる。そうなれば、パラリンピック大会の発展具合も変わっていたかもしれない。さまざまな偶然とタイミングによって、また一人の開拓者の先見性と実行力によって、歴史はつくられていく。グットマンの足跡を振り返っていると、あらためてそんな思いを強くすることとなる。

グットマンは厳格かつ謹直な姿勢で知られていた。どんな場合でも自らの方針を貫くのをためらわず、病院の部下にも自分の指示に忠実に従うよう求めた。彼に接した日本の関係者は、しばしば「頑固おやじ」と評したものだった。

が、患者にそそぐ視線は常に温かかった。彼は病院内で「Poppa」と呼ばれていた。家から遠く離れたストークマンデビルに入院していた少女が、主治医であるグットマンを「Poppa（お父ちゃん）」と呼んだのが始まりという。厳しくもあり、優しさもあり、いつもみんなをしっかりと見守っている、頼りになるおやじさん。偉大な先駆者はそんな人物でもあった。

＊1・2
「英国国立脊髄損傷センターにおける rehabilitation の実際について1」（『整形外科』一四巻七号、南江堂、一九六三年七月）
＊3〜9
グットマン『身体障害者のスポーツ』市川宣恭監訳（医歯薬出版、一九八三年）

第3章

開催へ

常識との戦い

「無茶だ！」「障害者を見せ物にするつもりか」

激しい非難の言葉を投げつけられたのは中村裕である。一九六一年、「世間の常識」との戦いが始まった。「世間の常識」は「世間の無知」と言い換えてもいいかもしれない。

「手術よりスポーツ」の確かさをストークマンデビル病院で知った中村は、海外視察の旅から帰国すると、さっそく地元の大分で活動を始めた。その実行力には目を見張らせるものがある。

まずは整形外科科長として勤務していた国立別府病院で患者にスポーツを勧めた。県庁などの行政機関や他の病院の医師にも自らの知識を惜しむことなく伝えた。その結果、一九六一年六月には、大分県厚生部長の平田準《あつし》とともに「大分県身体障害者体育協会」を設立するに至った。県行政の中枢にあって、この斬新な計画に賛同し、中村とともに活動を推進した平田の存在もきわめて大きかったに違いない。

海外視察から帰国したのは前年の夏である。この時代に、しかもこの短期間に障害者体育協会設立にまで漕ぎつけた行動力には驚かざるを得ない。なぜかといえば、当時の日本では、重度障害者とスポーツを結びつけることなど、およそ誰も考えもしなかったからだ。

日本障がい者スポーツ協会の冊子「障がい者スポーツの歴史と現状」によれば、それ以前にも東京、長野などで身体障害者スポーツ大会が開かれていた。が、重度の障害である脊髄損傷患者を対象としたものではなかったようだ。わずか三年で東京パラリンピック開催につながり、その後の発展の礎《いしずえ》を築いたという観点からすれば、中村による大分での試みが日本の障害者スポーツの魁だったと言っていいだろう。

障害のある者は安静にしていなければならないというのが当時の医療の常識だった。まして、脊髄損傷で下半身不随となっている患者に運動をさせるなどは無謀の極みと思われていた。治療や訓練にスポーツを取り入れ、さらに競技大会まで開こうとする中村には激しい批判が集中した。

医療、スポーツ、福祉と多くの面で功績を残した中村裕については、それぞれの関係者が協力してその足跡を詳細に記録した『中村裕伝』が編纂されている。その記述によると、当時、中村にはこんな言葉が浴びせられたという。

「それは無茶ですよ。せっかくよくなりかけたものを悪くするようなものです」「あなたは医者のくせに、身障者を公衆の前に引きだして、サーカスのような見世物をやろうというのですか。医者の考えることではないですよ」

医療関係者もほとんど反対に回った。「体調を崩して余病を併発する危険がある」というのである。無理に運動をやらせれば、落ち着いている病状が悪化するのは目に見えているという医療面からの反対とともに、「障害者を見せ物にするのか」という反発も強かった。当時は家族の中に障害者がいるのを隠そうとする風潮さえあったのだ。そうした傾向は都会に比べて地方でより顕著だったのではないか。そんな中、大分で障害者スポーツの重要性を説き、実行に移そうとすれば、高名な医師といえども異端者扱いされたのも無理はない。

中村はまったくひるまず、第一回大分県身体障害者体育大会の開催を実現した。この年の十月二十二日のことである。記念すべき大会を、地元紙は「明るく障害者の体育会」の見出しを掲げて、社会面トップの扱いで報じている。記事のリード部分はこうだ。

「スポーツ振興によって身体障害者を明朗で、積極的な意思の持ち主にし、医学的、社会的更生の増進をはかる」というこの試みは日本では初めてという珍しい大会。＊1

記事によると、大分県体育館で開かれた開会式には、国立別府病院などからやってきた車いすの選手や付き添いの看護師らが並び、平田県厚生部長の開会宣言に続いて県知事、県議会副議長らが挨拶した。厚生大臣の祝辞も代読されている。セレモニーが終わると、ただちに車いすバスケットボールの試合が行われたが、これはいささか変則な対戦だった。障害者チームと、国立別府病院整形外科医チームが対戦したのだ。中村も加わった医師チームも慣れぬ車いすを操っての対戦だった。中村はのちに専門誌のインタビューでこう語っている。

相手がおらんので、天児先生に頼んで小倉の労災病院の患者を7～8名派遣してもらいました。それでもバスケットなんかする相手がたりなくて、われわれが車椅子に乗って相手したほどです。*2

開催にはこぎつけたものの、初めての試みとあって、あちこちに不足や無理の目立つ大会だったのだ。ちなみに、この試合は8―4で障害者チームが勝った。お互いに競技には不慣れだったが、車いすの操作はさすがに障害者の方が一枚上だったのだろう。

このほか、大分県体育館では卓球と車いす競走、別府市温泉プールでは水泳が行われ、警察会館や盲学校でも弓道や相撲、徒競走が実施された。水泳では、耳の不自由な人に旗でスタートを知らせたとある。車いす利用者だけでなく、さまざまな障害のある選手が参加したのだ。手本となったストークマンデビル大会は脊髄損傷の車いす選手に限られていたが、中村は一歩踏み出した形をとったのである。

大会を報じた地元紙の記事の末尾には、平田厚生部長ら発案者の意向として、県大会を九州大会、全日本大会に広げていき、さらに「世界の障害者を集めた身体障害者のオリンピック開催に持ってゆくとはりきっている」とある。さほど具体的でないにしろ、この時点でもう、パラリンピック開催を念頭に置いていたようだ。中村も平田も、この活動が近い将来にどう進んでいくかをそれなりに見通していたのだろう。

ただ、身体障害者体育協会の設立と、第一回大会開催という画期的な試みが、世間一般の注目を集めたわけではなかった。

大方の目は〝気まぐれな田舎医師のお遊び〟とみていたはずである。反響はゼロといってよいものだった。*3

中村は著書にそう記している。けっして失敗ではなかった。というより、何も土台のないところで開いたことを考えれば、大会は成功だったと言っていいだろう。とはいえ、日本の障害者スポーツ史の記念すべき最初のページは、ほとんど顧みられることもなく、いわば黙殺の形で閉じられたのだった。

大会当日こそ、地元紙が社会面トップという大きな扱いで報じたが、それはさらに大きな輪には広がらなかった。「スポーツなどさせて、障害者が体調を崩したらどうするのか」「障害者を見せ物にするつもりか」との批判も相変わらずだった。世間の常識という壁は思った以上に厚かったのである。中村はのちに振り返っている。

身体障害者が、下駄を履いて腰にタオルをさげてきたら、体育館の人に、スポーツをやるのにそんな格好の者には使わせせんといわれたこともありました。マスコミは半分以上が猛反対でした。不具者を大勢の人の前にさらすなんて、おまえはそれでも医者かといわれたのを憶えています。しかし私は外国の実態を見ていましたから、そのうちにわかってもらえるということで続けました。*4

「そのうちわかってもらえる……」と思ってはいても、目の前に立ちはだかる壁はとてつもなく高く見えたろう。さすがの中村も、前途の険しさに一時はたじろいだかもしれない。が、苦労を重ねながらも、彼は着実に道を切り開いていった。情熱と行動力がいささかでも鈍ることはなかった。

障害者のオリンピックを東京で

このころは、他の方面でも障害者スポーツ発展への胎動が起こりつつあった。最初はひと握りの人々の夢や願望に過ぎなかった東京パラリンピック開催も、しだいに具体的な形をとり始めていく。

きっかけのひとつをつくったのは渡辺華子だ。労働問題研究家の渡辺は、通信社勤務の夫とともにイタリアに滞在していた時、一九六〇年にローマで開かれた国際ストークマンデビル競技大会を観戦した。この大会を見た日本人は彼女だけだといわれる。

先に触れたように、ローマ大会はのちに国際パラリンピック委員会によって第一回パラリンピックとして認定されている。毎年開かれてきた国際ストークマンデビル競技大会が初めて英国外で開かれた大会で、オリンピック開催の直後に同じ都市で開かれた最初の例でもあった。この時、渡辺はルードウィヒ・グットマンと会い、四年後の東京オリンピックの後に次の大会、すなわち東京パラリンピックを開くことについても意見をかわしたという。この出会いは、グットマンにとって、東京開催へ向けての最初のステップとなったのではないか。

翌六一年、渡辺はこの時の経験について新聞に手記を発表している。ここで既に「パラリンピック」という言葉が使われているのは興味深いところだ。


とにかく車イスに乗ればスポーツのできる選手が各国から四百人以上も集まり、イタリアの青空の下で銀輪を連ねて入場したのは、まことに壮観だった。

そのふんい気はまさに草運動会といったところ。実をいえば、私は対抗意識と緊張感の過剰な一般オリンピックよりも、このなごやかな、文字通り勝つことよりは参加することを目的としたパラリンピックの方が、気分がくつろいで見ていてずっと楽しかった。*5


こう感想を記した渡辺は、「外国はお金があるから身障者のオリンピックもできるのだ」などと考えてはいけないと指摘。「財政が楽ではないイタリアがなぜ主催できたかといえば、イタリア国民の身障者に対する意識が進んでいるから」「それをお金で片づけてしまうのは、あまりにも研究心が足りない」と、社会全体の意識の違いを説き、「平常から身障者の厚生に関心を持つぐらいは私たちがするべきことだと思う」と読者に呼びかけている。おそらくこれは、パラリンピックという言葉を使って、その意義を広く一般に伝えた最初の文章に違いない。彼女は、ローマ大会を見た唯一の日本人ならではの貴重な役割を果たしたのである。

一九六一年には、世界歴戦者連盟日本理事の沖野亦男《またお》が、国立身体障害者更生指導所所長の稗田《ひえだ》正虎《まさとら》とともに、「身体障害者スポーツ」という冊子を出したほか、沖野がグットマンに会うという動きもあった。その年の二月に発表された「身体障害者スポーツ」は、専門家会議におけるグットマンの講演内容が収録されているほか、西ドイツ(当時)での取り組みなども紹介されている充実した内容で、当時としては数少ない、貴重な資料となっている。こうした流れの中で、八月には関係団体が集まっての「身体障害者スポーツ振興会」が結成された。それまではほとんど考えられもしなかった「障害者のスポーツ」の可能性が広く知られるようになり、少しずつではあっても、具体的な形をとって前進し始めたのだ。

沖野、稗田のもとには一通の手紙が届いた。一九六四年の東京オリンピックの後に国際ストークマンデビル競技大会を開きたいので協力してほしいという、グットマンからの要請である。これによって、東京パラリンピック開催はにわかに現実味を帯びてきた。東京で大会を開けば、障害者スポーツの意義を幅広く伝えることができるだろう。が、その面に何の土台も基盤もない日本で、本当に開けるのだろうか。関係者の思いは期待と不安のはざまで揺れ動いたに違いない。

「まずは騒がれなければならない」

この状況下で最大の推進力となったのは、やはり中村裕だった。画期的な試みだった第一回大分県身体障害者体育大会の開催で立ち止まることなく、開拓者は次なる行動へと突き進んだ。著書にはこうある。

日本人は事大主義者である。とくに中央からみて、地方の出来事はほとんど目に入らない。逆にアメリカ、ヨーロッパのこととなると大騒ぎする。私はストークマンデビル大会に参加しようと考えた。身障者スポーツは大騒ぎされなければならないのである。*6

あふれんばかりの情熱で突き進むだけでなく、冷静に状況を分析して思い切った戦略を立てていく。中村はそういう資質も備えていた。まずは県の障害者体育連盟をつくり、第一回大会を開いたが、それで十分な反応がなければ、すぐさま次の手を打たねばならない。障害者スポーツの振興をはかり、東京オリンピックの後にパラリンピックを開くともなれば、できるだけ世間の注目を集める必要がある。中央から遠く離れた大分で活動するという条件を考えれば、なおさら生半可な策では役に立たない。思い切った手段で人目を引かねばならない。そう考えた中村は、一九六二年のストークマンデビル競技大会に日本選手を参加させる決断をくだした。イギリスにまで行くとなれば、九州の一地方のことであっても、ある程度は注目されるだろうという狙いである。
さらに中村は手を打った。中央の有力マスコミを巻き込もうという戦略である。日本身体障害者スポーツ協会（現日本障がい者スポーツ協会）の『創立20年史』には、当時、朝日新聞東京厚生文化事業団の事務局長だった寺田宗義の回想が載っている。

この年［一九六二年］の5月頃、当時国立別府病院整形外科医長の中村裕博士が突然私を訪ねて曰く「「2年後の東京オリンピック」のあとに「東京パラリンピック」という脊損者車椅子の国際スポーツ大会を開催しなければならない、主催代表者の英のグットマン博士はかねてわが国に開催方を呼びかけているが、厚生省はじめ関係方面ではいっこうに腰をあげてくれないというのだ、こんな始末ではとうてい開催がむづかしいと思うので、ぜひ朝日新聞あたりが中心になって各方面に呼びかけ実現して欲しい――というのである。[*7]

中村は、毎年開かれてきたストークマンデビル大会のこと、それがローマでも開かれたことなどを説明し、オリンピックの後にパラリンピックが開けないようでは、福祉国家ニッポンの看板は偽りになると熱弁をふるった。ストークマンデビルのことを熟知し、自らも大分で画期的な大会を開いた中村ならではの説得力があったに違いない。

身障者スポーツの世界的現状を初めて知った私は、別府から夜行で上京し、その日の夜行で勤務地に帰るという中村君の熱情に感激した。「よく判った、東京パラリンピックの口火は僕がつける。広く官民の同志を結集してその実現を期そう――」と固い握手で別れた。＊8

またしても中村の情熱が扉をひとつ押し開けたのである。寺田は、NHK厚生文化事業団にも話を持っていき、両者がこの年のストークマンデビル大会参加を支援する運びとなった。東京パラリンピック開催に向けて、関係団体の連携が進んだのだ。必要とあらば、どこであれ臆せず飛び込んでいって熱情を披瀝《ひれき》するのが中村流。それが功を奏して、ここでも力強い援軍を得ることができたのだった。

こうしてストークマンデビルへの選手派遣が本決まりとなった。七月末の大会に行くことになったのは、国立別府病院の伊藤工と、国立別府保養所の吉田勝也の二人。運転手だった伊藤は土砂崩れに巻き込まれて、また漁船員だった吉田は操業中の事故で、ともに下半身が不自由となっていた。このほか、大分県厚生部長の平田準が団長に、中村が副団長になり、付き添い看護師一人も加わって選手団の態勢が整った。

難問は派遣費用だった。これだけの陣容でイギリスに遠征するとなれば、相当な資金が必要となる。中村は金策に駆け回り、航空会社などからの援助をとりつけた。銀行から借金もした。それでも足りない。大学時代は自動車部に所属し、大の車好きとして知られていた中村が、愛車を売って費用を工面したのはしばしば語られるエピソードだ。

出発準備はなんとか整った。中村の奔走が実ったのだが、平田厚生部長という県政の上級幹部が直接の当事者としてかかわっていたのも大きかったと思われる。大分から東京へ向かう際には空港で歓送会が開かれ、県知事と県議会議長も駆けつけて挨拶をした。見送りには三百人が集まったと新聞にある。中村と平田の奮闘は、県内のさまざまな方面に障害者スポーツの意義を浸透させつつあったのだろう。

中央メディアの協力を得たことはさっそく効果を発揮した。東京で池田勇人首相との面会がかなったのである。

二人の選手と平田団長らは、首相官邸を訪れて首相に会った。新聞の記事によれば、面会は十分ほどだったというが、池田首相は二人を「前向きの姿勢で日ごろの精神訓練(の成果)を十分発揮してください」と励ました。ジュースで乾杯する写真を見ると、首相がにこやかに笑いかけてグラスを掲げる一方で、日の丸つきのブレザーに身を固めた車いすの両選手は、硬い表情で緊張の面持ちを浮かべている。少し前までは、障害者スポーツといっても知る者はほとんどなかったのだ。二人にとっては、官邸で総理大臣から声をかけられることがあるなどとは、にわかに信じがたかったのではないか。

中村の読みは当たっていた。「中央からは、地方のことなどほとんど目に入らない。が、欧米が関係すれば大騒ぎする」と読んでストークマンデビル行きを決め、中央の大手メディアの協力も取りつけた戦略が、総理大臣との面会にまで発展したのだ。「まずは騒がれなければならない」の作戦は、出発前から早くも成果を挙げたのである。

異例の面会実現には、遠征に協力した朝日新聞やＮＨＫの力が大きかったに違いない。朝日新聞の寺田は、その時、池田首相からはこんな言葉があったと書き残している。

身体障害者のオリンピックを催すという話は初耳だ、全くすばらしい、国際親善と、身障者諸君の社会復帰に役立つという企画には政府も協力を惜しまない。*9

寺田はこれを聞いて「しめた、これで東京パラ(開催計画)はスタートできる」と確信したと書いている。その前年から、あちこちで話が出始めてはいたが、まだ曖昧模糊《あいまいもこ》としたままだった東京パラリンピック開催計画。計画が煮詰められ、具体的な準備が始まるのはまだ先だが、この官邸訪問と首相の反応は、ひとつの重要なステップになったのではないだろうか。中村は一足先に渡英していたが、もしこの場で首相の言葉を聞いていたら、我が意を得たりと拳を握りしめたことだろう。

両選手は七月末のストークマンデビル大会にアジア選手として初参加を果たし、卓球と水泳に出場した。伊藤は、卓球の一回戦に勝ったが二回戦で敗退。吉田は水泳の五十メートル自由形で3位となり、卓球では三回戦まで進んだ。表彰台の一番上とまではいかなかったものの、吉田は水泳で優勝候補の一人に数えられ、卓球でもイギリスの強豪との戦いを接戦に持ち込んでいる。障害者スポーツの国際大会における日本の初陣は、まずまずの戦いぶりだったようだ。

帰国を報じる新聞記事に、両選手が残した談話が残っている。初陣の弁はなかなか力強い。

初めての参加で向うの様子がわからず、ルールや用具の違いもあって優勝はできなかったが、二年後の東京大会ではかなりのところまでいけると思う。〔略〕どんな身障者でもやればできるのだという勇気と自信を持つことができた。*10

ノンビリした大会で、ちょっと運動会という感じだった。〔略〕外国の選手は身体障害者の訓練がゆき届いているためかすばらしい運動能力をもっており、びっくりしたが、この大会を見て身体障害者もやりさえすればなんでもできるということがよくわかった。*11

運動会のように素朴な雰囲気に、いきなり海外の試合に臨んだ緊張も少し解けただろうか。外国選手の力強さに驚く半面、自分たちの可能性にも気づいた初出場。何よりの収穫は、「やればできる」という単純明快な事実をあらためて悟ったことというわけだ。

吉田はのちに、障害者スポーツについて書かれた専門書にこの時の感想を寄せている。そこには、脊髄損傷患者としての目でストークマンデビル病院をとらえた感想が綴られている。

僕たちはアジアから初参加、２人という小所帯のことで中村先生の口添えにより特別に病室を提供していただく。〔略〕案内された病室は大部屋で患者は22名。言葉は通じないが、同じ苦しみを持つ者への親しみか皆親切で底抜けに明るい。障害者という感じは全然なく、言葉さえ通じればしばらく共に生活してみたいほどである。病院の設備はすこぶる良く、「麻痺者の治療はスポーツで」というグットマン博士の主義で病院内にプールもあればビリヤードもあり、広々とした構内は弓でも、バスケット、陸上競技、なんでも思いきりやれるようになっている。〔略〕入院期間は約半年、その間社会復帰のためのあらゆる治療と訓練を受け、できればもとの職場に復帰できるように、それが不可能な者だけは新しく技術を身につけるよう考えられている。〔略〕身体障害者に対する医療厚生設備、社会復帰への政府および人々の理解と深い配慮には羨望というより驚きを感じました。＊12

淡々と書かれてはいるが、日本とはあまりに違う状況に驚きを隠せない様子が随所ににじんでいる。一方には病院や療養所で暮らすしかない苦衷《くちゅう》があり、もう一方には明るく元気に社会復帰していく希望があった。スポーツ大会の場で、彼らは社会構造そのものの天と地ほどの違いを、否応なく見せつけられたのである。

初の海外遠征。最初の渡英から二年ほどで思い切った試みを実行に移した中村裕は、遠征を終えてひとまず満足に浸った。いろいろ苦労はあったものの、これで活動が大きく進んだのは間違いなかったからだ。

グットマンはアジア初参加の選手団を大喜びで迎えてくれた。初対面では「いままで何人も日本からやって来て、ここのやり方を真似したいと帰っていったが、いまだに一人も実行していない」と厳しい言葉をぶつけている。それだけに、中村が自分から学んだやり方を日本でちゃんと実行に移し、ストークマンデビル大会に選手を連れてくるまでになったのが嬉しくてたまらなかったのだろう。中村の著書にはこんな記述がある。

「よくきた」というグットマン博士の暖かい声と、「きみの仕事は始まったばかりだ」という励ましが、「迷わずに進め」と聞こえた。[*13]

恩師が指し示してくれた道を休まず突き進んできた二年。着実に成果は積み重ねられている。が、まだスタートラインに立ったばかり。進むべき道のりははるかに遠い。再訪したストークマンデビルで、中村はそんな思いをかみしめていたのだろう。

準備期間は二年

目の前にはとびきり大きな課題が迫っていた。東京パラリンピックである。中村の奮闘をひとつの核として、大会の開催はしだいに現実味を増してきていた。つい一年前は「障害者のオリンピックのようなものがあるらしい」「ローマではオリンピックのあとに開かれたようだ」「日本でもやらなければいけないのだろうか」——といった程度の、ごく曖昧な話だったのが、「ぜひ開きたい」「それには何をすべきなのか」と具体的に検討するところまで進んできたのである。

この一九六二年には開催実現に向けて事態を一気に加速する出来事があった。「国際身体障害者スポーツ大会」の準備委員会が結成されたのである。のちに、大会運営委員会によって出版された『パラリンピック 国際身体障害者スポーツ大会写真集』には、その経緯が記されている。

そうこうしているうちに、東京パラリンピック開催の気運は、関係者の間に深く静かに浸透し、1962年4月、朝日新聞厚生事業団、NHK厚生文化事業団が中心となり、関係官庁、団体の代表者が集って「国内の身障者スポーツ振興をはかり、その結果をみて、パラリンピックを引きうけるという線は、実際問題として手ぬるい、むしろこの際、はっきりとパラリンピックをやる線をうちだして国内態勢を整備して行く方が早道であろう」という方針をきめ、さらに東京パラリンピックは、単に下半身マヒ者ばかりでなく、肢体不自由、盲、ろうあを含む全障害者のスポーツ大会にすることにして、関係官庁の了解を得「国際身体障害者スポーツ大会準備委員会」を結成することになった。

途中で一度も切れずに長々と続く文章は読みにくいが、その意味するところは明快だ。「慎重にものごとを進めていても何も始まらない。それなら、やると宣言して関係団体を網羅した準備組織をつくってしまおう。そうすれば事態は動き出すだろう」と考えて、準備委員会結成に踏み切ったというのである。なかなか前に進まないのが寄り合い所帯というものだが、この場合は珍しく思い切りがよかったのだった。

会長の座には、元厚生事務次官の葛西嘉資《よしすけ》がついた。終戦後間もない時期に次官を務め、厚生行政に強い影響力を持つ人物が陣頭に立ったことが強力な推進力となったのは言うまでもない。ストークマンデビル遠征の資金調達には、さっそくその名が役立った。葛西の名前で大分銀行から百万円を借りたのである。ストークマンデビルから帰った選手の談話に「東京大会ではやれると思う」の言葉が出てきたのからもわかるように、一九六四年東京パラリンピック開催はここへきて具体化のスピードを増しつつあった。

事態が一気に動いたのは一九六三年である。国際身体障害者スポーツ大会の準備委員会が運営委員会となって、正式に本格的な開催準備がスタートしたのが四月。運営委員会の会長にはそのまま葛西が座り、行政や関係団体の幹部が名を連ねた態勢が整えられた。中村裕、平田準も企画委員となった。中村の恩師である九州大学教授の天児民和、ローマ大会を日本でただ一人視察した渡辺華子、朝日新聞東京厚生文化事業団の寺田宗義、世界歴戦者連盟の沖野亦男、国立身体障害センター所長の稗田正虎ら、ゼロからの活動を少しずつ積み重ねてきた功労者たちも委員会に加わった。とにかく、やるしかない。仕事にかかるしかない。開催予定は一年半後に迫っている。大仕事を目の前にした主要メンバーらは、「本当にやることになったのだ」と身震いしつつ任務をスタートさせたのではないか。

この夏には、脊髄損傷者に限らない障害者の大会として、第一回の国際身体障害者スポーツ大会がオーストリアのリンツで開催され、毎年恒例の国際ストークマンデビル競技大会もそのすぐ後に開かれた。日本はそれぞれの大会に選手を派遣。同行した葛西、中村らは国際ストークマンデビル競技委員会の会議に臨んだ。ここで、翌六四年に東京で、国際大会としては第十三回となる同大会を開くことが正式に決まった。

会議ではストークマンデビル側と日本側との間で大会概要の詰めが行われた。会期は一九六四年の十一月八日から十二日の五日間と定められた。これが、従来の通り、脊髄損傷の車いす使用選手に限られた国際ストークマンデビル競技大会となる。日本側は、脊髄損傷に限らず、さまざまな障害の選手が幅広く参加する形を望んだが、大会創始者であるグットマンは頑として譲らなかった。脊髄損傷患者とスポーツをいち早く結びつけ、他より一歩も二歩も先んじているという自負が彼にはあって、他の障害も含めた大会開催は時期尚早だと考えたのである。

その代わり、続く十一月十三、十四日には、脊髄損傷だけでなく、視覚障害や切断など各種の障害のある選手が参加する国内大会が開かれることになった。日本側としては、行政の了解を得るためにも、また幅広い支援を集めるためにも、こうした形の競技会が欠かせなかったのだ。

開催への準備は着実に進んだ。いったん形が整えば、短い期間でも遺漏なくものごとを進めるのが日本人の特長というものだ。オリンピックの選手村を借用することも決まり、競技、資金対策、企画調整、広報、選手村運営などの十部会が設置されて準備のピッチは早まった。

いよいよ本番の年。一九六四年の春には三十一カ国三十九団体に招待状を発送。六月にはグットマンが来日して準備状況を視察した。大会創始者は準備の進み具合に若干の懸念を表明したほか、「パラリンピック」という言葉が使われているのには、「これはパラリンピックなんかじゃない、ストークマンデビル大会なのだ」と不快感を隠さなかったという。それでもこの時、彼は大分を訪れて、第四回の大分県身体障害者体育大会に出向いている。わざわざ大分まで足を延ばしたのは、自らの教えを実践している愛弟子・中村裕をねぎらうためだ。

「大分県が他に先がけてこのような大会を開いていることは大変意義深い。きょう、ここに列席できたことを光栄に思う」と、グットマンは開会式の挨拶で大会開催をたたえた。中村にとっては何よりの励ましだったはずだ。

大会ポスターが制作されると、パラリンピック開催ムードが高まった。よく知られているのは、車いす選手がアーチェリーの弦を引き絞っている図柄のものだ。

一番上に大きく「ＰＡＲＡＬＹＭＰＩＣ」とあり、すぐ下に「ＴＯＫＹＯ　１９６４」の文字。中ほどには「ＩＮＴＥＲＮＡＴＩＯＮＡＬ　ＳＴＯＫＥ　ＭＡＮＤＥＶＩＬＬＥ　ＧＡＭＥＳ」とあり、一番下に「パラリンピック・国際身体障害者スポーツ大会」の表記が配されている。ストークマンデビル大会の名称と日本側の正式名称を併記するという苦心の作だが、通称名である「パラリンピック」を一番大きく、目立つように使っているところが特徴的だ。

このほか、アーチェリーややり投げ、車いすの選手団などの写真を使って、大会の内容を具体的に示したポスターもつくられた。アーチェリーのモデルとなったのは出場予定となっていた国立箱根療養所の選手たち。こちらも大会名称の配置は同じで、「ＰＡＲＡＬＹＭＰＩＣ」の文字が一番大きいのも変わらない。

パラリンピックという名称が初めて、幅広く、半ば公式的に使われたのが東京大会だったことはさまざまな資料に出てくる。「パラプレジア（対麻痺）」と「オリンピック」を合体させた言葉は、東京大会開催を控えて、日本の新聞記者によって使われ始めたとされている。ただし、イギリスの研究者らの調査によれば、一九五〇年代から、しばしば「Paralympiad」「Paraplegic Olympics」などの言葉が関係者の間で使われていたようだ。

日本人でただ一人、ローマ大会を観戦した渡辺華子が一九六一年に寄稿した新聞記事でも「パラリンピック」の言葉が使われていた。あちこちで単発的に使われていたのが、初めて、広く定着した形で使われたのが東京だったということだろう。のちにはこれが正式名称となり、「パラレル（もうひとつの）」の意味が込められることになるのだが、パラリンピックの名称が世界中に広まるきっかけをつくったのが「東京」だったのは間違いなさそうだ。

まずまず順調に進んだ準備の中で、最後まで課題として残ったのは資金難だった。

「私が着任した時は、だいたい準備は進んでいました。残るところはお金の問題。これが一番でしたね」

こちらは海外向けの招致ポスター（一九六二年）。やはり「ＰＡＲＡＬＹＭＰＩＣ」の文字が大きく配置されている。各ポスターのデザインは高橋春人。

語るのは井手精一郎である。厚生省から大分県に出向していた井手は、一九六四年四月に本省に戻って社会局更生課の課長補佐となり、秋に迫ったパラリンピック全般を担当することになった。運営委員会会長の葛西嘉資と副会長の太宰博邦《だざいひろくに》という厚生事務次官経験者二人がトップに座っていたのが功を奏して、準備の進み具合は良好だったというのが井手の回想だ。そうした中、最後まで関係者の頭を悩ませたのが運営資金の問題だった。

当初、見込まれた予算は七千万円。次いで九千万円が目標となり、最終的にはおよそ一億円の規模となった。国から二千万円、東京都から一千万円の補助があったほか、日本自転車振興会からの援助や一般からの募金を合わせてまかなわれたのだが、大会直前になっても資金不足は解消しなかった。開幕を目前にした十月下旬の新聞には、「まだ一千万円が不足」の記事が載っている。選手村を障害者用に手直しする段階で思わぬ出費がかさんだためだ。

だが、不足報道が効果を発揮した。都民、国民からの寄付が急増したのである。数日でたちまち一千万円以上が集まり、危機は去った。最終的に一般からの寄付は四千万円以上に達した。「それでやっと目鼻がついたんです」と井手は振り返る。東京オリンピックの熱狂の陰で、ほとんど目立たないままだったパラリンピックだが、世間の目はこちらにも届いていたというわけだ。

オリンピックでさえ、まだどこかに牧歌的な雰囲気を残していた時代である。それがビッグビジネスの一環に変わっていくのはもう少し先で、そのころはまだ人間くささが残っていた。オリンピックとは比べものにならないくらい小さくて、予算も少ない当時のパラリンピックは、その分だけよけいに人間味があって、携わる一人一人の顔が見える大会だったに違いない。

多額の資金をつぎ込み、多数の要員を動かして大がかりに準備を進めるわけにはいかなかった。大会後の収支決算を見ると、準備段階での「賃金」の支出はなし。厚生省や東京都の担当者、障害者団体や競技団体のスタッフが、人件費をかけない形で、いわば手づくりで準備を進めたのだ。障害者スポーツ発展への入り口となった歴史的な大会は、そんなふうにして開幕を迎えようとしていた。

*1 「大分合同新聞」一九六一年十月二十二日夕刊
*2・4 『整形・災害外科』二四巻三号(金原出版、一九八一年三月)
*3・6・13 中村裕『太陽の仲間たちよ』(講談社、一九七五年)
*5 「読売新聞」一九六一年七月八日朝刊
*7・8・9 『創立20年史』(日本身体障害者スポーツ協会、一九八五年)
*10 「朝日新聞」一九六二年七月三十一日朝刊
*11 「大分合同新聞」一九六二年七月三十一日朝刊
*12 中村裕、佐々木忠重『身体障害者スポーツ』(南江堂、一九六四年)

第4章 選手たち

開催準備はまずまず順調に進み、東京パラリンピックという器はしだいに形を整えつつあった。あとは、その器に中身を盛り込むだけ。晴れの舞台で主役を務めるのは、もちろん出場選手たちである。

障害者スポーツの実態は限りなくゼロに近い。それが当時の日本だった。中村裕の奔走によって、海外の大会に選手を送るまでにはなったが、それはほんの数人のことにすぎない。派遣された選手が彼我《ひが》のあまりの違いに驚くばかりだったことからもわかるように、障害者がスポーツに取り組む環境などほとんどなかったのがそのころの状況だ。

ホスト国の代表選手として大会に赴くことになった者たち。どんな人生の、どんな生活の中で、いかにして彼らは東京パラリンピックという画期的な節目に出合ったのだろうか。

交通事故で別府へ　須崎勝巳

「そう、いつごろから練習したんじゃろか。一年もなかった……。たぶん半年くらい前だったんじゃないかと思うんですけどね」

当時は二十二歳の若者だった。それから半世紀を超す年月が流れて、須崎勝巳のパラリンピック出場の思い出はおぼろになっている。中村裕が整形外科科長を務める国立別府病院で治療・訓練を受けていたのが、思いもかけなかった出場に結びついた一人である。

「たぶん中村先生に勧められたと思うんですが……。といっても個人的に言われたわけじゃないと思う。訓練の先生、リハビリの先生に、力のありそうな、運動のできそうな奴を集めろということで、それで声がかかったと思うんですけどね」

「パラリンピックいうのがあるというのは、それまでは知らなかったですね。中村先生が、こういう競技会があって、いろんな競技があるから、その中で自分がいいと思うのに出ろということになったんじゃないですか」

少し前から車いすバスケットボールはやっていた。別府からイギリスのストークマンデビル大会に行った人があるというのも聞いてはいた。とはいえ、世界各国から選手の集まる、まるでオリンピックのような大会があるなどとはいっさい知らなかったし、自分が国際競技大会に出ることになろうとは夢にも思わなかった。そんなところにパラリンピック出場の話が降ってわいたのである。

「世界の障害者の大会じゃということはわかったんですけどね。種目がどんなのがあるか、どんなことをやるのかは全然わからない。訓練の先生が、こういうのもある、ああいうのもあると言うて、それでちょっと練習したぐらいで出たんですよね」

その須崎が国立別府病院にやって来たのは一九六三年春のことだ。愛媛県で生まれ、ふるさとに近い宇和島で前の年にオートバイ事故を起こして脊髄を損傷した。宇和島の病院で数カ月を過ごしたあと、転院先を探してたどり着いたのが「中村裕」の名である。

「向こう(宇和島)の病院の先生が、骨の方は大丈夫じゃから、あとは訓練だと言ったんですね。リハビリとは言わず、訓練と言ってました。訓練が必要じゃから、あとは訓練のできる病院に行きなさい、と。私は寝たきりで何もできませんでしたけど、おじさんが一生懸命になって探してくれました」

「あのころ、愛媛でリハビリができるところというたら、労災病院しかなかったんですが、私は労災じゃなかったから、そこには入れん、と。ほかのところを探さにゃいけんといって、別府をやっと探し当てたんです。別府に脊髄専門の中村先生がおられる。じゃあ、そこに行こうということになりました」

リハビリテーションの実践はまだ始まったばかりの時期。脊髄損傷という重い障害に対する効果的なリハビリは、まだほとんど望めなかったのではないか。そんな中で、中村裕の存在は多くの患者を勇気づける一筋の光明だったのだろう。

中村と初めて会ったのは入院に備えての外来診察だった。初対面の診察で鮮明に覚えているのはこのことだ。

「一番初めの診察の時に、あなた、いまから仕事は何をしますか、と言われて。何も答えられなかったです。脊髄のけがのことも、何も知らなかったものですからね。こちらとしては、どうしたらよくなるとか、どうしたら治るとかを言ってもらいたい。なのに、病状のことじゃなくて、考えてもみなかった仕事のことをパッと言われたもんですからね。何も答えられない。（付き添いの）おふくろが、治してから考えますと言いました」

須崎としては、けがは治っていくものだと思っていた。頑張って、少しでも歩けるようになりたいと思って転院してきたのだ。なのに、期待した言葉は聞けず、そのままの状態を前提にして将来のことを聞かれたのがショックだったのである。当時は、重い病気やけがの場合、患者に現実をありのままには告げなかったのだろう。中村も、将来の自活を促すために、あえて仕事の話から切り出したのかもしれない。

気分は果てしなく落ち込んだ。これは治らないのかもしれない。この若さなのに、もう二度と歩けないのかもしれない。それまでは気づかなかった、あるいは目をそらしていたかもしれない現実が、にわかに目の前に迫ってきた。

「ベッドに寝て、天井を見つめて動かないでいると、治らなかったらどうしよう、家族や兄弟にも迷惑をかけるなら、死んだ方がいいのかもしれない、と。もう悪い方へ悪い方へと考えてしまうんですね」

大部屋には同じ脊髄損傷の患者が何人もいた。「もう四年いる」「オレは五年だ」という話も聞いた。彼らを見ていると、何年入院しても元のようには歩けないのを否応なく理解せざるを得ない。〈やっぱりダメなのか〉〈いや、少しは治るかもしれない〉と、心の中で二つの思いがせめぎ合う日々。それでも、現状を受け入れるしかないという覚悟がしだいに固まってきたのは、生来の明るい性格のため、またはたちを過ぎたばかりの若さのゆえだろう。

入院してしばらくすると褥瘡ができた。致命的な合併症を引き起こしかねず、寝たきりの脊髄損傷患者が何より怖れる事態である。が、それを治してしまうと元気が出てきた。須崎は車いすに乗り始めた。

「最初は恐ろしかったですよ。こんなもので生活ができるじゃろかと思うたですからね」

車いすの扱い自体は、さほど難しいとは思わなかった。ただ、まだこの段階では、麻痺した下半身をもてあましているばかりだった。「ここから下に水が入っているようなもの。ぐにゃぐにゃで重たい。その重みがみんな腕にかかってくる」と須崎は表現する。腹筋もきかないから、体の重心が不安定で、何かにもたれていないと動くのが難しい。そんな中で車いすに初めて乗ったのだ。「これで生活ができるのか」と不安になったのも無理はない。

車いす自体も、重く、使いにくいものだった。しかも、患者一人に一台が割り当てられているわけではなく、交代で使うような状況だった。環境も用具も整わず、すべてが不十分な時代である。

それでも、須崎はしばらくすると車いすを乗りこなすようになった。それとともに、車いすで暮らしていくのだと割り切って考えるようにもなった。バスケットボールを始めたのが車いすに乗り出してすぐだったのも、その時点である程度の覚悟ができていたからだろう。

それまでは、運動といえば、平行な棒につかまって歩行訓練をする程度だった。病院で脊髄損傷患者にエキスパンダーが配られていたのは、上体の筋力アップのために中村が考えたことだろうが、どうすれば効率的に筋力をつけられるのかもよくわからないまま、少し使ったあとはあまり活用しなかったという。

ただ、バスケットボールを始めるにはちょうどいいきっかけがあった。その年の秋、山口県で身体障害者体育大会山口大会が開かれることになっていたのだ。一九六一年から大分県で大会が開催され、ストークマンデビルやリンツなどの海外大会にも選手が派遣されたのが刺激となって、障害者スポーツ実践の動きが少しずつ出てきた時期である。山口大会には、地元のほかにも東京、大分、広島、神奈川など九都県から選手が参加する予定だった。そこで須崎も、車いすバスケットボールの大分チームにスカウトされたのだった。

最初は速いパスなどできず、軽く山なりにボールを投げるだけ。まず車いす競技のルールを覚え、ボールの投げ方、捕り方を一から練習するという状況は、須崎だけでなく、誰もが一緒だった。ちょっと力を入れてボールを追うと、すぐ転倒した。重くて扱いにくい車いすを操りながらボールをさばき、ゴールを狙う。けがをしてからはスポーツに触れる機会など持たなかった者たちにとって、その難しさは想像以上だったに違いない。

練習は病院の中でやった。体育館などはない。以前、海軍病院だった時に使われていた講堂を利用した。さほど広くないので、コートをフルにはとれず、半コートで、リングもひとつだけという形である。一方が攻めてシュートすると、戻って折り返すのを繰り返した。そののち人気になってオリンピック種目にも入った「3×3《スリーバイスリー》」のような格好だったのだろうか。

思うように動かない車いす。ままならないボール扱い。コートは狭く、担当する職員の都合もあって、さほど長くは練習できない。それでもスポーツの楽しさは患者たちの心をつかんだ。体を動かし、汗を流す爽快さは、誰にとっても快感なのである。

「やっぱりスポーツは面白いから、みんな一生懸命にやりよったですね。室内であんまり動かんでいると人と話もできない。みんなとチームでやるというのは面白かったです」

国立別府保養所（のち国立別府重度障害者センター）のチームと試合をしながら、メンバーは少しずつ技量を高めていった。山口大会にも出た。どんな戦いだったのか、須崎はあまり覚えていないが、養護学校（現在の支援学校）の生徒のチームと試合をしたという記憶は残っている。小学校の高学年か、中学生か。脊髄損傷ではないので、同じ車いすでも、相手はかなりスピードがあり、ついていくのが大変だったというのが試合の思い出だ。

あまり無理する気はなかった。無理にきつい練習をすれば、かえって熱を出したりするかもしれない。褥瘡の懸念もある。とはいえスポーツは楽しかった。練習をして汗を流せば、次への活力がわいてくる。将来の仕事のことも前向きに考えるようになる。

思いもかけない事故による絶望感をなんとか乗り越えて、将来をしだいに考え始めたころ。そんな時に二十二歳の若者は、その存在を聞いたこともなかった「障害者のオリンピック」に出合ったのだった。

ところで、患者の目に映った中村裕とはどんな人物だったのだろうか。

「威厳がありましたよ。病院では週に一回、回診があるんですけど、きょうは回診の日というと、みんなビシッとして、看護婦さんなんかもピリピリしとったです。まだ三十なんぼくらい（の年）だったですけど、威厳がありました」

「でも、ふだんはやさしくて、私ら障害者にはいつも向こうから声をかけてくれました。『元気でやりよるか』とか、『スポーツはどんどんやれ』とかね。実行力があるし、あの先生は医者より政治家向きじゃなあ、なんて言ってました」

治療やリハビリにあたるスタッフには厳しいが、脊髄損傷患者にはやさしく寄り添う。それは、ストークマンデビル病院で恩師のグットマンの振る舞いを見て身についたことだったかもしれない。恩師と同じく、厳格ではあるものの、常に皆の様子を気づかっている父親のような存在だったのだろう。頼りになるおやじに導かれるまま、患者たちはパラリンピックという未知の世界に向かっていったというわけだ。

過酷な青少年期　近藤秀夫

近藤秀夫は国立別府保養所でパラリンピックに出合った。一九五二年に重度の戦傷病者のために開設され、二年後には一般の障害者も入所できるようになって、一九六四年に国立別府重度障害者センターと改称された施設である。少年時代からひどい苦労を重ねた末、十六歳の若さで下半身の自由を失うという過酷きわまりない日々を過ごしてきた近藤は、パラリンピック出場の経験を明快に振り返る。

「まさにその時、社会の窓が開いた。私にとって社会の窓が開いたのが、あのパラリンピックだったんです」

それまでは保養所の中だけでしかなかった生活。しかし、パラリンピックが広い社会へと出ていくための窓となり、その向こうには新たな世界に向かう道が続いていたのである。その「窓」に達するまでの道のりはこうだ。

岡山県で生まれ、子どものころは、腕のいい左官職人で大工や電気工事の技術も持っていた父とともに九州各地を転々としていた。いくつもの仕事ができる腕を買われて、炭鉱で忙しく働いていた父が結核にかかって亡くなったのは、近藤が十二歳の時だ。終戦後間もなく、石油にとって代わられようとしていた石炭採掘の最前線で、働かされるだけ働かされた末に体を壊して死んでいったというやり切れない思いが息子の胸には残った。

ここから苦難が始まる。福岡県田川市に住んでいた一家は離散し、少年はたった一人で生きていかねばならなかった。

「食べて、住んで、着て、生きるためのことは全部自分でしなくちゃいけないことになったんです。中学に行こうとしたけど、だんだん行かなくなった。食べていくために働いていたら、学校どころじゃないんですよ。どんなことをしてきたかなんて、短い時間では到底語れるもんじゃないですね。あの道もこの道も歩きました。それはそれはひどい生活でした」

不運な事故に遭ったのは炭鉱で働いていた時だった。トロッコ用の重いレールを十人あまりで運んでいた。先頭にいた近藤には何も見えなかったのだが、後ろで一人が足を滑らせ、他の作業員も手を放してしまったのである。一瞬ののち、十六歳の少年はレールの下敷きになっていた。気がついた時には、地元の病院のベッドにいて、脊髄損傷により下半身の自由が失われていた。

「それはそれはひどい」少年期を過ごした彼は、ようやく青年期の入り口あたりに差しかかったところで、もっと過酷な運命に直面しなければならなかったのである。不運という表現では到底足りない。この過酷さを語る言葉はちょっと見つからない。

田川の病院には三年いた。状況を変えるすべを、彼自身は何も持たなかった。ようやく新しい生活が始まったのは一九五四年のことだ。病院を訪れた福祉事務所のケースワーカーが、国立別府保養所に一般の患者も入れるようになったのを知って、入所の手続きをしてくれたのである。

施設の職員は「近藤さん、ここに一生いていいんだからね」と言ってくれた。すごくいいところに来たと近藤は感じた。前の病院では、最初にみてもらった医師に「二年ぐらいだろう」と言われている。あと二年ほどしか生きられないだろうという意味だ。脊髄損傷になると、長くは生きられないと思われていた時代だった。とりあえず安住の場所を得て、苦難ばかりだった人生に、やっと安定した毎日がやって来たのだった。

障害とともに生きる人生に悲観はしなかった。子どものころからの苦労の連続は、何があってもへこたれない強靱な心を育てた。近藤はこの状況を受け入れ、与えられた運命の中で精いっぱい生きていこうと思っていた。

「これ(この生き方)しか僕にはないんだと思ってました。だから、すごくエンジョイしました。積極的に外にも出ていきましたしね。よく車いすで別府の街に出て遊びました。保養所は山の中腹にあるんで、降りるのは十五分でいけるけど、車いすを漕いで上がるのには二時間かかる。それでも遊びに行きましたよ」

施設の中でもいろいろ考えついては実行に移した。暮れになると、一枚何百円かの券を入所者に売る。買ってくれた人には、その車いすをきれいに分解掃除してグリースをさし、ピカピカに磨いてやる。これは大変に喜ばれた。小遣い稼ぎにもなったが、近藤やその仲間は、これもまたひとつの遊びとして楽しんでいたようだ。

ちなみに、こうして活動的、積極的に過ごしていた仲間は、みなスポーツを熱心にやって大会にも出るようになったという。遊びにも小遣い稼ぎにも熱心になれる体力、行動力、好奇心があってこそ、スポーツも上達するということなのだ。

そんな中で中村裕と出会ったのが大きな転機へとつながっていく。「パラリンピックの二年前くらいに(保養所に)来られたんじゃないかな」というのが近藤の記憶だ。大会前に聞いた中村の言葉を、近藤はいまも覚えている。

「パラリンピックを(日本に)持ってくるのには成功した。でも、オレたちが出るわけじゃない。参加するのは君たちなんだ。そこは君たちに頼むぞ」

「それで、よーし、という気になったんです」と近藤は振り返る。積極的に外へも出かけてエンジョイしてきた保養所での生活。希望者を募って、時計やラジオの修理、服の仕立てなどを習うシステムもつくった。近藤自身は編み物を学び、プロ並みの腕になった。施設暮らしの中で、できることにはなんでもチャレンジしてきたのだ。だが、いつも感じていたのは、「先が見えない」不安だった。最初は「すごくいいところに来た」と思ったものの、月日がたってくると、「このままでいいのか」という疑問がわいてくるのは止められなかった。中村の「頼むぞ」の言葉に「よーし」と応じる気になったのは、それが「窓」になるという予感がどこかにあったからではないか。

けがをする前はスポーツに縁はなかったが、大分にやって来てからは、中村が創設した県身体障害者体育大会に卓球で出たりしていた。保養所の先輩である戦傷軍人が和弓をやっているのを見て、何度か練習してみたこともあった。中村の勧めを受けて始めたのは車いすバスケットボールだ。

近藤たちは、中村に車いすバスケットのルールを取り寄せてくれるように頼んで、保養所の集会室で練習を始めた。こちらも国立別府病院と同様に半コートしかとれない。皆が使う集会室を独占するわけにもいかない。腹筋や腰の力がないと、ボール扱いもままならない。始めたばかりの悩みはみな同じである。それでも、ほとんど初めて味わうスポーツの楽しさは格別だったはずだ。

できたばかりのチームには、のちに日本車いすバスケットボール連盟の初代会長を務めることになる浜本勝行もいた。近藤とは国立別府保養所でずっと一緒に過ごしてきた仲間である。その浜本は、けがをする前はプロゴルファーを目指していたスポーツマンで、体も大きかった。一方、近藤は小柄で手も小さく、腕も短い。だが、体力は抜群で、いくらでも走り回れる持久力が持ち味だった。

近藤は中村裕を深く信頼していた。パラリンピック出場への道を開いてくれたからというだけではない。ひどい褥瘡をきれいに治してくれたのも中村だったのである。

「拳が入るような深い床ずれがあったんです。床ずれは怖い。それで死ぬ人がなんぼでもいましたから。それで中村先生が、治してやるから、パラリンピックに出るか、と。はい、出ます、治してくださいということで、病院に行って、先生が手術してくださって、私の床ずれを治してくれました。それでパラリンピックに出られる体ができたんです」

「ですから、先生がやれと言ったら、私ははいと答えるし、やれるだけのことをやれば、先生は、よし、よくやったと必ず言ってくれました。私にとって先生はおやじのようなものだったんです」

中村とは特別なつながりがあったと近藤は感じていた。近藤にとっては何でも言える父親のような存在だったし、中村の方も近藤には選手のリーダー格になり得る一人として信頼を寄せていたようだ。いささか強引なところはあっても、常に力を尽くして面倒をみてくれる。そんな中村の姿勢が患者や入所者を惹きつけ、元気づけていた。パラリンピックを目指す選手の輪は、「おやじのような」中村を中心として広がっていた。

「私はノーと言わない障害者だった。子どものころからそうでした」と、近藤は若き日を振り返る。生活のすべて、すなわち食べていくことから医療を受けることまで、自分では何ひとつやれないまま、人がやってくれるのを待っていたという意味だ。十二歳から自分一人で生きていかねばならず、しかも十六歳の若さで下半身の自由を失ってしまうという苦難の日々。そこでは、他人がやってくれることをそのまま受け入れるしかなかった。「ノー」といえば、生きていけなくなる身の上だった。人が言うことには「はい」とうなずくしかなかった。

だが、そんな中でもしだいに周りが見えてくるようになった。自分が置かれた立場をなんとか見据えることができるようになってきた。そうなれば、考えないわけにはいかない。重い障害があったとしても、人が差し出すものをただ受け取っているだけでなく、自分の考えで、自分の思いを生かすために動くことができるのではないか。障害者も自ら考え、動き、主張していくべきではないのか。

国立別府保養所への入所。積極的に外へも出かけ、エネルギッシュに活動していく喜び。中村裕との出会い。パラリンピックを目指すようになった日々。徐々に変化が現れる毎日の中で、二十代後半に差しかかろうとしていた青年は、つらいばかりだった過去を振り捨てて、将来の光に目を向けるようになっていた。

ドイツの炭鉱から　桑名春雄

桑名春雄はいささか変わった道をたどってパラリンピックに出合うことになった。ドイツで事故に遭い、現地の病院にしばらく入院したあと、帰国すると、そこにパラリンピックが待っていたのだ。

福岡県嘉穂《かほ》郡穂波町（現飯塚市）で生まれ、日鉄鉱業嘉穂鉱業所の炭鉱で働いていた桑名がドイツに行ったのは一九六〇年、二十三歳の時だった。当時、日本と西ドイツの間には炭鉱労働者派遣に関する協定があり、日本から若い労働者がドイツの炭鉱に派遣されていた。桑名もその一人として選ばれ、はるばる海を渡ったのである。

この労働者たちの渡独を綿密に調べ上げた労作『ドイツで働いた日本人炭鉱労働者――歴史と現実』によると、一九五七年から六二年の間、日本から四百三十四人の若い炭鉱労働者がドイツに渡ってルール地方の炭鉱で働いた。その目的は、先進的な技術を学ぶための研修となっていたが、実際には、外国人労働者として危険を伴う坑内労働にフルタイムで従事する形だったようだ。石炭から石油への大転換が進んでいるころ。ドイツ側としては不足する労働力を補うため、日本側としては石炭合理化政策の一環としての意味合いが、それぞれ背景としてあった。

「うちの会社(日鉄鉱業)からは、その時、二人で行きました。私は日鉄嘉穂におって、向こうは長崎の伊王島炭鉱。行ってこいと突然言われて、突然だから、会社は(こちらが)断るんじゃないかと思っていたでしょう。でも、こっちは行きたいばっかりですから。ドイツだろうが、アメリカだろうが、フランスだろうがね」

海外渡航など簡単にはできない時代。会社派遣でヨーロッパに行けるのは、好奇心旺盛で行動的な若者には願ってもないチャンスだった。桑名が会社からの申し出を二つ返事で引き受けたのはそれゆえだ。実際には、研修をうたいながらも厳しい労働に従事させられるばかりで、現地では不満の声が高まったのだが、それでも若き炭鉱マンにとって、「海外に行ける」「ドイツで暮らせる」という話はかなり魅力的に思えたに違いない。

桑名が配属されたのはデュースブルクのハンボーンにある炭鉱だった。十八歳で炭鉱に就職し、ずっと坑内で働いてきている。年は若いが、採炭作業のキャリアをみっちりと積んできた目には、ドイツの技術はそれほどでもないように見えたという。

「たいしたことはなかったですね。私らの炭鉱(日鉄嘉穂)はそう進んでなかったと思うけど、三池炭鉱あたりから来とる者は、こんなもの勉強になるか、三池の方がまだまだ進んどるぞと言いよったです。まあ、技術というより、炭鉱の自然条件もありますから。私たちのところ(派遣先)は古い炭鉱だったから、あまり勉強にならなかったです」

先進技術を学ぶという面では、やや期待外れのところもあったのである。単なる労働力として扱われ、厳しい条件のもとで長時間働かされるという点も予想外だった。とはいえ、各地の炭鉱から優秀な人材として選抜されてやって来た日本人労働者は、よく働き、また異国の生活を楽しんでもいた。ドイツ語も覚え、休みの日にはあちこちに出かけた。桑名はドイツだけでなく、オランダやベルギーにも足を延ばしたという。予想外の困難も多かったが、それでも若者たちは現地の暮らしになじんでいたのである。

事故に遭ったのは一九六二年の秋、二十五歳の時だ。坑内での落盤だった。「上からボタが落ちた」というのが桑名の表現である。

「説明するのは難しいんですけど、上から荷(荷重)がかかるところがあるんです。ここは危ないからやりたくないと言ったけど、(同僚が)オレが危ないところに入るからと言うもんだから、逃げるわけにもいかない。私は(比較的)安全な方におって、やられたんです」

「ああ、しもた、と。友だちが、どうしたと言うもんだから、ああ、背骨をやったぜ、たぶん足は動かなくなるぜ、と。担架で上に上がったんですけど、その時はすぐに、ああ、これは歩けんなあと思いました。歩けんというのはすぐにわかったですね」

「その時」を語る口調は淡々としている。半世紀以上の歳月が、人生を暗転させたショックを薄れさせたのかもしれない。ただ、あわてず騒がず、落ち着いていたという記憶ははっきりしている。

「まあ、あわてやせんだったです。やったことはしょうがねえじゃねえか、と。そういうところ、私は案外あきらめがよかったんでしょうね。泣きも何もせん。涙なんか流したってしょうがないと思って」

ボーフムの街にある病院に入った。本人が瞬時に見抜いた通り、下半身は動かないままだった。それがはっきりすると、おおらかで冷静な桑名も落ち込まないわけにはいかなかった。

「一番ショックだったのは、これで二度と働くことはできんなあということでした。あの年代で仕事を取り上げられてしまうのはつらかった。そうなったら、働けるところなんて、日本にはまだ全然なかったんですから」

当時は、脊髄損傷で車いす生活になったら、病院や療養所で過ごすしかなかった。自営業ならともかく、どこかに勤めて働くのは不可能とされていた。二十代半ばでその残酷な事実を目の前に突きつけられると、さすがに気分は果てしなく沈んだ。

だが、「あきらめがよく」、胆がすわっている性格が、萎えそうになる気持ちを立て直す力となった。「最初はきつかったけど、若いからなんとでもなった」と桑名は振り返る。不運きわまりない人生の激変も受け入れて前に進むエネルギーが、この若者にはあったのだ。病室には同じく炭鉱事故でけがをしたドイツ人たちがいた。「みんなでワイワイガヤガヤしゃべりよった」。ショックは癒えないながらも、そこまで元気を取り戻したのである。

ドイツの病院ではビールも飲めた。数日に一度、患者に配られたという。本場のビールの味も、沈んだ気分をいささかなりとも上向かせる役に立ったかもしれない。

日本の仲間の励ましも大きな力となった。日鉄伊王島の同僚のほかにも、同じ炭鉱に所属していた仲良しの友人が二人。その三人が代わる代わるやって来ては、なにくれと面倒をみてくれたのである。

「心配するな、オレたちが日を分けて交代で来るから、と。嬉しかったですよ。いまでも思い出します。放ったらかされていたら、もう大変やったろう。彼らは命の恩人です」

翌六三年の秋、桑名は日本に帰った。本人は十月の中ごろだったと記憶している。一年と少し続いた異国の病院暮らし。帰国した時は二十六歳になっていた。

日本に帰ってまず向かったのが大分の国立別府病院だったのは、ドイツで主治医だった医師の勧めがあったからだ。フリードリッヒ・ヴィルヘルム・マイニッケ医師は、ストークマンデビル病院で中村裕と会っており、それで別府行きを勧めたのである。実家は福岡県。同じ九州とはいえ、別府はそう近くはない。だが、脊髄損傷を専門にみてくれる病院は、当時の日本にはほとんどなかった。それに、日本人でも分け隔てなく、親身に治療にあたってくれた主治医の言うことなら間違いはないだろう。そう思った桑名は、日本に着くと、そのまま別府へと向かった。

国立別府病院での入院はおよそひと月ほどで終えた。中村は入院を続けてリハビリに専念するよう勧めたが、本人としては、下半身の自由が回復しない以上、入院を延ばしても仕方がないと考えたのだ。ただし、退院して実家に帰る段階で、パラリンピックのバスケットボールチームに加わることは決まっていた。

東京で障害者の大会があるというのはドイツでも聞いていた。病院で一緒だったドイツ人患者から「東京で障害者のオリンピックのようなものがある。自分たちは行くから、君もぜひ来い」という話があったのである。「そんなことがあるのか。それなら行ってみたいなあ」と答えて、桑名は日本に帰ってきた。そこで、別府でパラリンピックの話が出た時には、「ああ、あのことか」とすぐに思い当たった。

それまでスポーツとはほとんど無縁だった。若いころもそうだったし、ドイツの炭鉱で働いている時は、仕事が忙しくてスポーツどころではなかった。けがをしてからは病院のプールで泳いだが、車いすの身でスポーツに打ち込むなどとはおよそ考えもしなかった。とはいえ、若くて元気がよく、何ごとにも前向きな性格である。中村はそこを見込んで、パラリンピック出場の声をかけたのだろう。

中村裕という人物の印象は「ちょっと近寄りがたい」だった。別府での入院中、親しく接する機会はなかった。「人とは違うところに顔が向いとった」と思ったのは、未知の分野へも臆せず踏み込んでいった先駆者の意気込みがそう見えたからだろうか。

バスケットボールの練習は、国立別府病院の講堂でやった。ここで初めてボールにさわった。他のメンバーも同じようなものだったようだ。須崎勝巳の話にもあったように、たっぷりと練習する機会はあまりなかった。使っていた車いすにも「ボーンと当たったら、ボリッと溶接やら外れる」もろさがあったという。

水泳の練習では、当時別府にあった温水プールに行った覚えがある。「一回か二回行ったかな。そんなもんですよ」。なにしろ急に出てきた話だったし、障害者がスポーツをやる環境も整っていない。パラリンピックという大会についても、競技についても詳しくはわからないまま、とりあえず練習を始めてみたというのが、当時の選手に共通する事情だったのだろう。

だが、いったん体を動かし始めれば、誰もがしだいに引き込まれていくのがスポーツというものだ。

「最初は、こんなもの面白いのかなと思ったけど、やりよったら、けっこう面白かった。やっているると一生懸命になるもんですね」

「こんなことで東京までわざわざ行く必要もなかろうもん、と最初は思いよったです。でも、練習しよるうちに、行けちゅうなら行ってみようと、楽しみにもなりました」

思いがけないドイツ行きと、そこで遭った不運。激しく揺れ動いた人生がいささか落ち着いてきたところだった。二十代後半を迎えようとしていた桑名は、思いがけず目の前に現れた大会への出場を「なんだか楽しそうだぞ」と思うようになっていた。

リハビリとしての卓球　渡部藤男

渡部藤男は福島労災病院に入院していた時にスポーツに親しむようになった。別の病院から移ってきた医師がたまたま卓球好きだった偶然が、渡部にパラリンピックへの道を開いたのである。

福島県の会津地方で生まれ育った彼が下半身の自由を失ったのは一九六二年だった。林業関係の会社でトラックの運転手として働いていた二十二歳の時。「五本も積めば荷台がいっぱいになる」太くて長い丸太を運んでいて、それを降ろす時に事故に遭った。作業中に丸太と一緒に転げ落ち、重い丸太の間にはさまって脊髄を損傷したのだ。

会津若松の病院で半年。それから常磐炭田の近くにあった福島労災病院に転院してリハビリに励んだ。そこへ転勤してきた整形外科部長が卓球の手ほどきをしてくれたのである。

「卓球は小学生のころに遊びでやったきりで、その後はやったことがなかったんですけど、その先生が卓球が好きで、リハビリとしてはマッサージなんかより効果があるというんで、指導してもらったんです。マッサージより、運動した方がいいということでした。当時は安静第一といわれてましたから、リハビリにスポーツをやるというのは、あまりなかったように思いますね」

一九六二年といえば、中村裕が第一回の大分県身体障害者体育大会を開いてから一年しかたっていない。イギリスで確信を抱いて帰国した先駆者でさえ、周囲の猛反対や無理解にさらされていたころだ。障害者スポーツ発展への態勢が十分に整わないまま、パラリンピックへ向けて、半ば強引に準備委員会がつくられた年でもある。

だが、脊髄損傷という重度の障害に対しても、スポーツが効果を発揮すると見抜いていた医師は少なくなかったのかもしれない。組織的には取り入れられていなかったにせよ、個人でスポーツをリハビリに活用しようとしていた医療関係者はあちこちにいたのだろう。渡部は転院先の病院でその一人に出会ったのだった。

いつごろ卓球を始めたのか、渡部は覚えていない。いずれにしろ、パラリンピックまではせいぜい一年ほど。それでも上達は早かった。パラリンピック開催が本決まりになり、中村裕らが各地の病院や療養所で選手候補を探していたころである。選手発掘にあたっていた担当者の目に留まるだけの腕前にはなっていたということだ。

「役所の方から回ってきた話でしょうね。私たちはそういう大会があるなんて、全然知らないから。『どうだ、出てみないか』と病院から話があって。びっくりしました」

何がなんだかわからず、驚いているうちに卓球でのパラリンピック出場が決まった。同じ病院にいた猪狩靖典《いがりやすのり》にも話が行き、渡部は猪狩とダブルスを組むことになった。これが、日本のパラリンピック史に残る初の成果へとつながっていくとは、本人たちも、出場を勧めた担当者も、まったく気づいていなかったはずだ。

東の代表 箱根療養所

神奈川県小田原市の国立箱根療養所（現国立病院機構箱根病院）は十九人の選手をパラリンピックに送った。日露戦争で東京に設けられた「廃兵院」が「傷兵院」となって小田原に移転し、のちに傷痍軍人箱根療養所となって、戦争で脊髄を損傷した傷兵を収容してきたところである。脊髄損傷の戦傷者を収容する施設としては全国唯一のものだった。

戦傷者に限らず、一般も含めて広く脊髄損傷治療を行う「国立箱根療養所」となったのは戦後間もなく。一般患者の受け入れで病床数が増えてきたあたりから、ここでもリハビリにスポーツが取り入れられるようになった。ことに富田忠良《とみたただよし》所長はその面に力を入れ、一九六一年にはプールを、翌六二年にはアーチェリー場をつくってスポーツを奨励した。プールは職員総出で庭を掘り、ビニールで覆ってつくり上げた。長さ二十メートル、幅五メートルのプールを手づくりしたのである。そのエピソードからは、所長以下のスタッフが患者のためにスポーツを役立てようとした、並々な

当時を偲ばせる旧傷兵院本館の建物。
［写真提供：箱根病院］

らぬ熱意が伝わってくるようだ。一九五八年から一九七〇年まで所長を務めた富田は、在任中、療養所で「日本車椅子スポーツ大会」と銘打った競技会も開いている。

一九六三年には国際ストークマンデビル競技大会に選手を派遣した。アーチェリーに出場したのは安藤徳次。所長の富田も渡英し、グットマンとも会っている。障害者スポーツの魁としては、中村が率いた大分のイメージが強いが、箱根療養所も富田のもとで積極的に取り組んでいたのだ。西の大分と並んで、東の箱根も新たな道を開くのに貢献したのである。

目立たないながらも、少しずつスポーツを日々のリハビリに取り入れようとしてきた努力。それが十九人のパラリンピック出場をもたらした。もともとは戦傷者の施設だったのを象徴するかのように、そこには傷痍軍人も含まれていた。

傷痍軍人 青野繁夫

青野繁夫が召集令状によって陸軍の静岡第三十四連隊に入隊したのは一九四一年のことである。現在は掛川市となっている静岡県中部の出身。旧制掛川中から静岡師範学校に進んで教師となり、本川根小学校に赴任したが、翌年に早くも召集を受けた。師範学校で優秀な成績をおさめ、勇んで赴任した学校だったのに、教壇にはわずか一年しか立てなかった。

すぐに送られたのは激戦が続いていた中国。一九四三年五月、戦闘の中で腰に銃弾を二発受けた。弾は脊髄を傷つけ、これによって下半身の自由がきかなくなった。現地の陸軍病院に入院した後、帰国。大阪、豊橋、東京、静岡の陸軍病院を転々としてから静岡の実家に戻ったのは、終戦とほぼ同時だった。教師のキャリアを早々と断たれたばかりか、体の自由をも失った末の失意の帰郷である。

五歳下の弟、行雄は当時の様子をこう語っている。

「終戦で、八月に帰ってきたんですね。弾が二発、右腰から入って、一発は体の中に残った。それが災いして、痛みが取れなかったんです。でも、帰ってきたころは比較的よかった。近くに農協の支所があって、そこに勤めさせてもらって、両松葉づえで通っていました。わりと調子よかったから、村の青年団の文化活動なんかにもタッチしていましたよ」

青年団の演劇を指導したりもしていたという。そこで知り合った女性と結婚もした。まずはなんとか平穏な日々が始まったのである。だが、それは長く続かなかった。体内にとどまったままの弾が昼夜を分かたず激痛を引き起こすようになったのだ。

「大変だったね。モルヒネをうたなくちゃいられないような、そうしないととても耐えられないというような痛みで……。これではたまらないというので、奥さんと一緒に小田原の方に入院するようになったんです」

痛みが出るようになってからは、注射して激痛を抑える鎮痛剤が欠かせなかった。医師のもとで注射してくれる分では足りない。家にも置いておいて、痛みが耐えがたくなった時に備えておかねば一日も過ごせない。そのために、知り合いの医師に頼み込み、内々になんとか都合してもらっていたのだという。それほど苦しい毎日だった。せっかく安定しかけた生活を捨てて箱根療養所に行くのは、まさに苦渋の選択だったのではないか。

当時、箱根療養所では、家族と一緒に暮らす傷痍軍人が多かった。青野が妻とともに箱根に行ったのは一九五二年十一月だ。弾丸摘出手術を受けて、痛みはとりあえずおさまったが、結局、箱根療養所の暮らしは二十年以上にも及ぶことになる。痛みはとれても不自由な体は変わらない。自宅で車いす生活を続けるとなれば、いろいろと困難も出てくる。熟慮のうえ、あえて療養所で暮らし続ける道を選んだのだろう。

軍人恩給の一時打ち切りもあり、経済的に困窮した時期もあったようだ。入所者たちは箱根の物産のひとつである竹細工をつくって売り、生活費の足しにした。青野も竹細工を手がけた。体調のいい時には、車いすを自在に操って療養所の廊下を動き回っていたというが、将来の見えない暮らしにはつらいことの方がずっと多かったに違いない。

「ずいぶん悔しかったでしょうね。教師をやったのは一年だけ。師範学校では満蒙開拓青少年義勇軍に選ばれたこともありましたから、優秀だったんですよ。それが、負傷して全部ダメになってしまったんだから、悔しい思いをしたでしょう。本人はそういうことは口にしなかったけどね」

弟の行雄は、療養所暮らしをしていた兄の心中をそう思いやる。積極的で外向的な性格だったというから、負傷がなければよき教師になっていたはずだ。療養所の生活に慣れ、痛みもおさまってきていたとはいえ、かつて抱いた夢と現実との落差が頭を離れることはなかったろう。

そんな中で出合ったのがパラリンピック出場だった。青野をはじめとする箱根の入所者たちは、急な話に戸惑いながらも準備を始めた。どんな大会なのか、どのような経緯で開かれることになったのか。そのあたりの知識がほとんどなかったのは、他の地方からの参加者と同じだったと思われる。が、その未知の催しから何かが始まるのではないかという淡い希望が、彼らの中には生まれていたかもしれない。パラリンピック終了後、運営委員会によってまとめられた大会報告書に、青野はこう記している。

単調で平凡な斗病《とうびょう》生活の長年月、現在の療養所の生活に馴れてしまった私にも、このパラリンピックと言う機会にも一度情熱を燃やし、若い元気な頃の様な感覚の一端に触れることが出来たら、私の残された人生に有意義なものが生ずるのではないかと、卒直に言って簡単に考え訓練に入った実状である。が然《しか》し訓練することが自分の身体にも良いし、又面白くもなって、自分自身の忘れられた可能性を一つためして見ようなんて了見にもなって、柄にもなく希望を持ったのである。

既に四十代。戦争を経験し、さまざまな苦労を重ねてきた人生である。二十代の若者以上に辛酸を味わってきた分だけ、パラリンピックという機会にどんな意味があるのかをじっくり考えたのではないか。「若い元気な頃の感覚の一端に触れることが出来たら」「自分自身の忘れられた可能性をためして見よう」といった言葉には、先の見えない療養所暮らしにひとつ風穴を開けてみたいという意欲がにじんで見える。

当時の箱根療養所の様子を記録した映像が残っている。その中には、パラリンピックへ向けての練習とみられるいくつかのシーンも含まれている。映っているのはこんな場面だ。

まず卓球。車いすの二人がラリーをしている。一人は左利きだ。ペンホルダーで握ったラケットさばきは軽い。周りにいる車いすの人々は、棒の先に袋をつけたものを持ってボール拾いをしている。交代で練習しているのだろう。

次にはフェンシングのシーンがあった。マスクと、防具になるユニフォームをつけた本格的スタイル。右手で剣を操り、左手で車いすを操作する場面もあるが、さすがに機敏に動くのは難しいようだ。ユニフォームをつけて二人の練習を見守っているのは青野と思われる。

このフェンシングではかなりレベルの高い練習が積み重ねられた。最初はフェンシング協会幹部の一人が指導に当たり、東京オリンピックの代表候補にもなった若いトップ選手らが引き継いで、毎週のように箱根に通って基礎を教え込んだのだ。大学生や元オリンピック選手を招いて合宿も開いている。

> 青野さんは足が痛いので何もしようとしない人だった。が、フェンシングを始めてこれまでに再起した。いまや剣鬼にひとしい。*1

当時の新聞記事に引用されていた関係者の談話だ。剣鬼とはずいぶん時代がかった表現だが、そう言いたくなるほど熱心に練習に打ち込んでいたのだろう。剣を手にして無心に練習している時、青野は確かに「元気なころの感覚の一端」を思い出していたに違いない。

映像は続く。マットを敷き詰めたトレーニング室。一人はあおむけに寝て、天井から下げられたウエイトを引く筋力トレーニングをしている。一人は寝ながらバーベルを挙げ、もう一人はエキスパンダーを使っている。ほかに腕立て伏せをしているのが二人。五人がいっせいにトレーニングに励む光景は壮観だ。

一人が寝てバーベルを挙げるシーンも出てきた。いまでいうベンチプレスの形である。重りは二枚。かなりの重量に見える。

プールでは男性が平泳ぎとクロールの練習をしている。職員総出で手づくりしたという二十メートルのプールだろう。その短い距離を何往復も泳いでいる。腕のかきはかなり力強い。

スポーツ映像の最後にあったのはアーチェリー。広々とした野外での練習である。富田所長が設けたという射場だろう。車いすの射手は四人。しっかりしたフォームで引いている。的には無数の穴。それだけ練習を重ねていたのだ。

これらの映像からは、選手がかなり熱を入れて練習に励んだ様子が見てとれる。青野の文によれば、練習期間は八カ月。パラリンピックの年が明けてしばらくしてから、やっと練習が始まったということだ。ただ、短い期間ではあっても、選手の志気がそれなりに高かったのは映像からもうかがえる。大会出場の話は唐突だったろうが、青野の文にあるように、いざ始めてみれば「訓練することが面白くなった」に違いない。

こうして、西で、また東で、初の日本代表となる車いすの選手が練習に励んでいた。おそらく、重い障害のある身でスポーツに取り組んだ経験のある者はほとんどいなかったはずだ。国際ストークマンデビル競技大会がどんなものなのか、世界で障害者スポーツがどのように行われ、どのように発展しようとしているかについて十分な知識を持っている者もごく少なかったろう。言うなれば、彼らはその時期にそこにいたがゆえに、たまたまパラリンピックに出ることになったのである。

が、本人たちが意識していなかったにしろ、その足どりはかつてない道へと向かっていた。それ

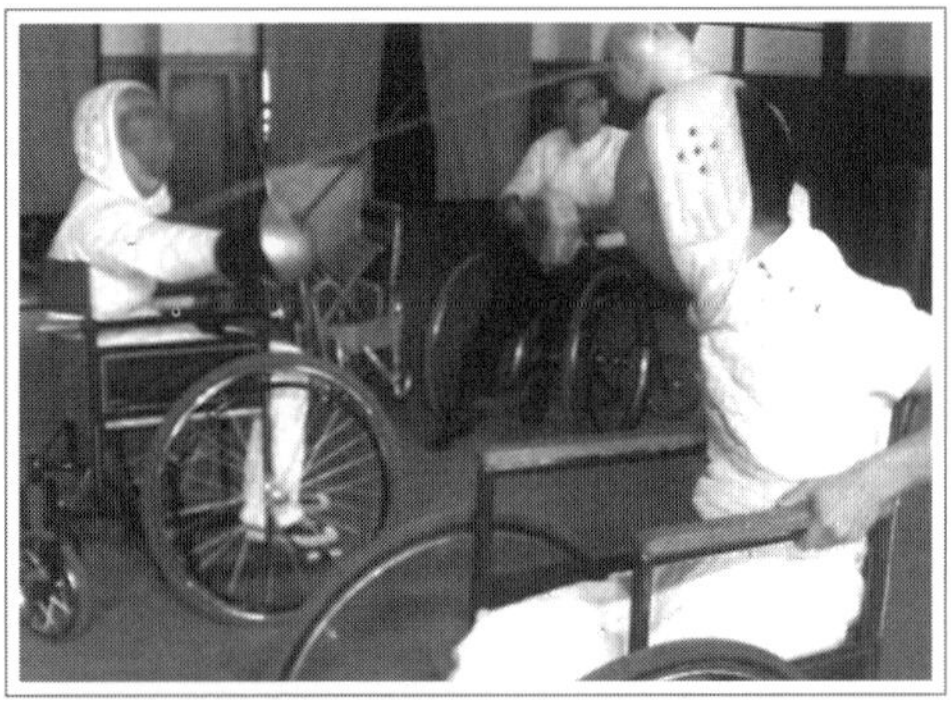

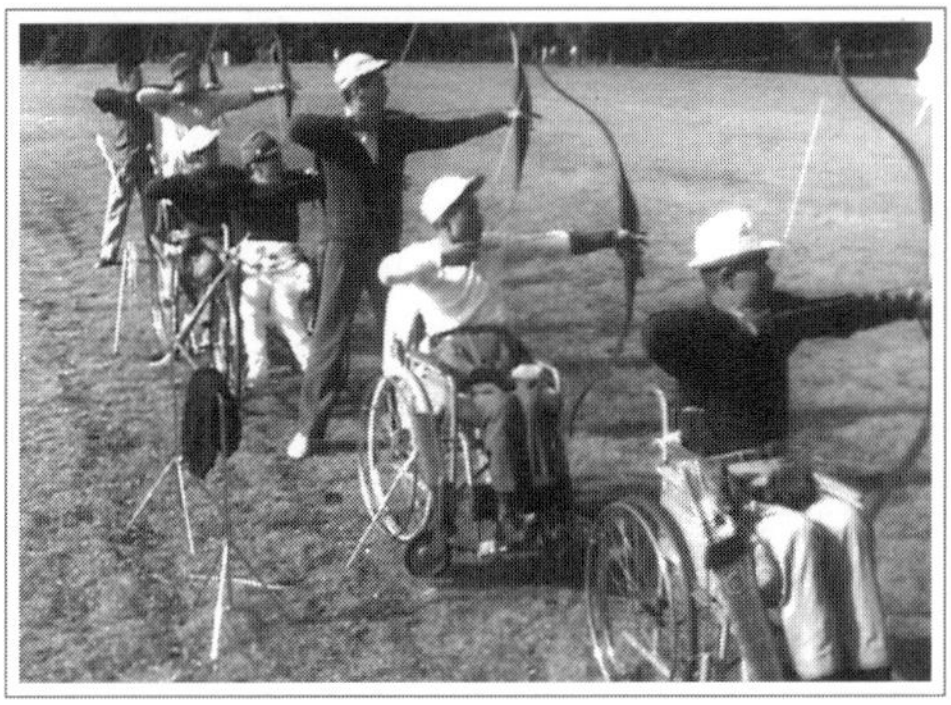

[上]
映像に残っていた
フェンシングの練習風景。
奥に青野と思われる人物が
映っている。
[下]
同じく、
野外でのアーチェリー
練習風景。
[画像提供：箱根病院]

と知らぬまま、彼らは歴史の新たな一ページを開こうとしていた。

*1 「日刊スポーツ」一九六四年十一月十二日

第5章 幕開け

国際身体障害者スポーツ大会は一九六四年十一月八日、幕を開けた。東京パラリンピックの通称で呼ばれてきた大会、日本で初めて行われる障害者スポーツの国際大会が、いよいよその時を迎えたのである。開会式の会場となったのは、東京・代々木の東京オリンピック選手村に設けられた練習グラウンド「織田フィールド」だった。直前には世界最高のアスリートが汗を流した場所で、今度は障害者スポーツの選ばれし者たちが晴れの舞台を迎えることになったのだ。

晩秋の空は晴れ渡っていた。歴史的な一日にふさわしい、秋の澄んだ陽射しと爽やかな風がグラウンドを包んでいた。一カ月前のオリンピック開会式は「世界中の秋晴れを全部東京に持ってきてしまったような」と中継アナウンサーが表現したほどの快晴だったが、規模や注目度では天と地ほどの差があるパラリンピックも、それに劣らない青空と陽光の祝福を受けたのである。

国際身体障害者スポーツ大会は二部構成になっていた。八日から十二日までの第一部には、脊髄損傷による車いす選手が各国から出場する。すなわちこれが国際大会となって十三回目を迎えるストークマンデビル競技大会だ。この第一部が、国際パラリンピック委員会設立ののちに第二回パラリンピック大会として認定されることになる。

続く十三、十四日には、脊髄損傷に限らない、さまざまな障害の選手が出場する国内大会が第二部として行われることになっていた。ここには西ドイツチームも特別参加の予定だった。すべての障害者を対象とした大会にしたいという日本側の願いは、絶対的な権限を持つルードウィヒ・グットマン博士の拒否によってかなわなかったが、大会を二つに分けることで、日本側の意向も生きたのである。

新聞では連日のように関連ニュースが報じられていたものの、一般にその開催が広く知られていたようには思えない。開会式の舞台となる織田フィールドには仮設のスタンドが設けられていたが、さほど多くの観客が見込まれていたわけではないだろう。が、来場者の出足は予想以上だった。当日の様子を伝える新聞にはこんな記事が載っている。

開会式場の織田フィールドに近い渋谷門には、午前六時半、朝モヤのなかに一番乗りの入場者が現われ、ゲート係の自衛隊支援隊員をびっくりさせた。午前八時には［入場］整理券をもらうための長い列ができ……［略］＊1

開場してしばらくすると、仮設スタンドとその周りには四千人を超える観衆が入った。大半が選手の家族、親族、知人や障害者組織、福祉団体の関係者だったとみられるが、まずは記念すべき大会の開幕にふさわしい形にはなったのだ。パラリンピックにもオリンピック並みの大観衆が集まる時代は、まだはるかな先のことである。

開会式

開会十分前には、四千観衆だけでなく、すべての選手、役員、運営スタッフが所定の位置についてその時を待っていた。セレモニーの開始を告げる百十発の花火が打ち上げられたのは午前十時。大会名誉総裁を務める皇太子殿下（現上皇陛下）と同妃殿下（同上皇后陛下）が席につき、選手の入場行進が始まった。

行進を先導したのは小中学生の鼓笛隊とバトンガール。行進曲の演奏は陸上自衛隊音楽隊。選手団の先頭にはストークマンデビル競技委員会技術顧問のチャーリー・アトキンソンが立ち、「ＳＭＧ」と大書されたストークマンデビル大会旗が続いた。旗手は車いすの三人。中央にイギリスのＧ・スウィンドルハースト、左右に日本の船田中、小笠原文代の各選手が並んで大会旗を運んだ。船田は関東労災病院、小笠原は神奈川県身体障害者更生指導所からやって来ていた。

選手団の先頭はイギリスだった。オリンピックの入場行進が五輪発祥の地のギリシャから始まるように、国際ストークマンデビル競技大会の場合も先頭は発祥国なのである。その選手団は先頭にふさわしい偉容を誇っていた。選手七十人、役員は三十人あまり。そろいのブレザーと帽子で正装した大デレゲーションの行進は、福祉先進国、スポーツ文化大国の貫禄を漂わせていた。

大会に選手を参加させたのは二十一カ国。欧米、南米、アジア、アフリカ、オセアニアから合わせて三百七十八人がやって来た。たった一人の参加だったフィジーとセイロン（現スリランカ）。一方、イギリスに並ぶ大選手団を送り込んだのはアメリカ。このほか、オーストラリア、アルゼンチン、オーストリア、ベルギー、フランス、ドイツ、アイルランド、イスラエル、イタリア、マルタ、オランダ、フィリピン、ローデシア（現ジンバブエ）、南アフリカ、スウェーデン、スイスから選手、役員が参加した。メキシコは選手を派遣しなかったが、役員が行進に加わった。

最後に入場したのが日本である。女子二人を含む五十三人は、えび茶のトラックスーツに身を包み、四列になって行進した。国立箱根療養所、関東労災病院などの神奈川県勢、国立別府病院、国立別府保養所の大分県勢を中心に、秋田、福島、静岡、山口、山形などからも選手が加わっていた。

この時の行進曲は「上を向いて歩こう」だった。ほとんどが病院や療養所にいて、仕事につくあてもないまま、先の見えない毎日を過ごしていたのが当時の日本の脊髄損傷患者たち。それまでストークマンデビル大会などに出場した選手は、例外なく、現地の障害者たちの明るさ、エネルギッシュな暮らしぶりに驚き、欧米との差を痛感して帰ってきたものだった。なかなか前向きに、明るく振る舞うことができなかった当時の障害者を少しでも元気づけようと、運営側はこの「上を向いて歩こう」を選んだのではないだろうか。

スタンドにも障害のある人々の姿が目立った。「外国選手に贈りたい」と自分が折ってきた千羽鶴を掲げる人も。選手の家族だろうか、ハンカチで目頭を押さえる様子もあちこちで見られた。いつもは家族の一員が見舞われた不運に涙することが多かったに違いないが、この日ばかりは晴れ姿への嬉し涙だったろう。

行進が終わって選手団が整列し、日の丸、SMG旗、大会旗が掲揚されると、式は挨拶に移った。大会運営委員会会長の葛西嘉資と、ストークマンデビル競技委員会を代表するルードウィヒ・グットマンが相次いで壇上に立った。のちに出された大会報告書から、スピーチの内容を抜粋してみよう。

このストークマンデビル競技大会は、回を重ねること、既に十三回目に当りますが、アジアの地で開催されるのは今回が初めてで、その意義はまことに大きいと存じます。〔略〕本大会がみごとな成功をおさめ、身体障害者の福祉向上に、画期的な貢献をするものと信じて疑いません。

これは葛西の挨拶。「画期的な貢献」の言葉に、ほとんど土台がない状態からスタートして、ついに大会開催を実現させた感慨が垣間見える。

続いてグットマンが立った。至るところで「パラリンピック」の通称が使われていることに、ストークマンデビル大会創始者として不快感を隠さなかったグットマンだが、晴れの開会式ではもちろんそれを表に出すようなことはなく、日本側の労をねぎらった。

日本運営委員会は、葛西氏を会長としてこの大会を組織するために、非常な努力をされました。その御熱意と成果と友情は、我々の賞讃と感謝をほしいままにするところであります。〔略〕この国際競技大会は一九四八年にささやかな出発を遂げてから世界的なスポーツ運動にまで発展してきましたが、その基本は常に三つの原則、即ち、友情、結合、スポーツマン精神にのっとっています。〔略〕一九六四年の国際身体障害者競技大会が、これらの理想に忠実に運営されることであり、この東京大会が肢体不自由者のためのスポーツ発展史上、一紀元を画するものであり、人道の、世にも美しい功績のひとつとして歴史に長くとどまるよう切望するものであります。

「東京パラリンピックが障害者スポーツ史の中でひときわ大きな節目となるように」という挨拶の趣旨は、開催国に敬意を表するための外交辞令であったかもしれない。が、その後の発展の足りをたどれば、それがまんざらオーバーな表現でなかったことがわかる。東京パラリンピックは確かに、飛躍的な発展への土台を築く役割を果したと言えるからだ。

二人の挨拶を受けて、大会名誉総裁の皇太子殿下が「おことば」を述べた。大会開催に向けて、早い段階から関係者を励まし、支援してきたのが皇太子殿下と同妃殿下である。その「おことば」は、まさにこの大会の精神を表すものだった。

わたくしは、みなさんが日頃の努力によって健康をとりもどし、はるばるこの大会に参加されたことを知っています。また、この中の多くの人たちが、社会の一員として、りっぱに活躍されていることも知っていますが、そうした努力のうちには、スポーツがあなた方の心身のささえとなり、社会復帰される早道であったと確信いたします。

わたくしは、世界中の身体障害者に希望と価値ある生活をもたらすストークマンデビル大会の業績と精神に敬意を表します。わたくしは、この名誉ある大会の主催者側であることをうれしく思います。それは、この大会が、わが国の身体障害者に大きな希望と激励を与えてくれると思うからであります。

世界のすべての身体障害者の上に、希望と幸福がもたらされることを念願し、この大会が、あなた方に、楽しく意義あるものになることを望みます。

スポーツは、またその大会は、すべての身体障害者にとって大きな希望と励ましになる。殿下の「おことば」は障害者スポーツの意義を明快に示していた。グットマンも、中村裕も、選手たちも「我が意を得たり」と深くうなずいたに違いない。

ここで開会式のクライマックスがやって来た。選手宣誓である。青野繁夫と、介添えの選手団長、中村裕が中央へと進み出た。右手を差し上げて声を振り絞った青野の宣誓はこうだ。

私たちは重度の障害を克服し

精神および身体を錬磨して
愛と栄光の旗のもと
限りない前進を期して
正々堂々とたたかうことを誓います

ひとつひとつの言葉はさほど特別ではない。が、青野のそれまでの人生を思いつつ、あらためて読み返してみると、そこに込められた心の叫びが身に迫ってくる。大会報告書に青野はこう記した。

私の宣誓の番がアナウンスされ、車椅子で正面に対した時はさすが緊張の極に到して、自分で作った宣誓であるし、当然何のためらいもなく言葉になるものと予想して居ったが、緊張度はそんな安易なものを消しとばしてしまったのも今となっては生涯忘れ得ない思い出となったのである。嘗《かつ》て砲弾雨飛の中に、いたたまれない焦燥と緊張を味わった事のある私であったが、それと違った意味の緊張感であったと思う。

その「砲弾雨飛」の中で重傷を負い、教師の夢をあきらめて療養所生活を送っていたところで思いがけなく出合ったパラリンピックだった。戦闘の場で極限の緊張状態を強いられた経験を持ち、めったなことでは動じないはずの青野が、この宣誓で「緊張の極に」達していたのは、すべての障害者の代表としての願いを短い宣誓文に込めねばならないと思いきわめていたからだろう。

即ち、今迄《まで》の私達重度脊損者の置かれていた立場や状態よりこのパラリンピックを機会に、他の多くの人々に私達の現実を本当に理解していただき、実際の政治が二歩も三歩も向上飛躍してもらわなければどうしようもないという心からの宣誓であったからでもある。

当時、脊髄損傷のような重い障害のある人々の大半が病院や療養所で暮らすしかすべがなく、職について自立するのがほとんど不可能だったのは、これまで触れてきた通りだ。そのための環境がまったく整っていなかったためである。障害者の多くがその状況を変えたいと切望していたのは言うまでもない。

そうした中、青野はパラリンピックという大会の向こうに、希望の影がちらりとよぎったのを見てとったのだろう。もしかしたら、これが変化への入り口になるかもしれない。将来が何ひとつ見えない暮らしに、ようやく一筋の光が差し込むかもしれない。それなら、この宣誓にすべての障害者の思いを込めてみよう。宣誓の言葉を、わずかなりとも現状を変える力としてみたい。そんな決意を抱いて、青野は声を振り絞ったのである。

報告書の文章では、ことにこの部分が印象的だ。

私は健全ならざる身体にも立派に健全な精神が宿ることを実証したい気持で一杯であった。

障害者の居場所がなかった時代。宣誓者はその「時代」に対して、敢然と声を上げたのだった。

一方、中村裕は選手団長として青野の真後ろに立ち、宣誓を見守っていた。彼の方はどんな思いでいたのか。日本の障害者スポーツに初めて道を開き、ついにこの日を迎えた先駆者は、晴れの舞台に立ち会ってどんなことを感じていたのか。

開会式にあたって、グットマンは「中村裕をロイヤルボックスに座らせなさい」と運営委員会会長の葛西に求めた。中村の果たした役割はそれだけ重いと恩師は感じていたのだろう。が、当時の常識や慣例からすれば、大臣や知事も列席する式で、貴賓席に病院の一医師を同席させるわけにはいかなかった。中村に対する扱いは、多くの役員の中の一人としてのものにとどまっていた。とはいえ、最初にイギリスから帰って以来の先駆者の働きがあったからこそ、この大会開催が実現に至ったのは誰の目にも明らかだった。

多くの人々が力を合わせて開催にこぎつけたのは言うまでもない。中村といえども、大会の枠組みの中ではひとつの歯車にすぎなかった。が、最初に一歩を踏み出した人物がいなければ、ここに至る道は開けなかったのである。その意味でこれは「中村裕の大会」と言ってもよかった。無事に開幕にこぎつけ、選手宣誓を見守った脳裏には、さまざまな苦労の思い出が次々と浮かんでいたのではなかったか。

ただ、そのあたりの本人の言葉はほとんど残っていない。著書にはこうある。

ストークマンデビルの大会が、ついに、いま日本で開かれた!

だが、私はうれしさどころではなかった。少しの間も同じ場所にいることができないほど忙しく、進行が気になってゲームもほとんど見られなかった。

数カ月来、資金の調達と運営準備に駆けまわったが、本番となるとミスは許されない。はたして、遠い日本まで何カ国が来てくれるかという不安もあったが、予想以上の参加に、うれしさは悲鳴に変わっていた。[*2]

一方、中村が死去した時の追悼文にはこんなくだりがある。パラリンピックの時は語学奉仕団の一員で、のちには中村のもとで働くことにもなる丸山一郎の筆である。

東京パラリンピックの開会式、スタンドに座った先生は、会が始まると下を向いたきり顔を上げなかった。この大会の実現までの苦しかった道のりや様々な感慨から涙が止まらなかったからだと後に話された。[*3]

やはり、ついに迎えた本番では感極まって涙を抑えられなかったのだ。背負ってきたものは誰よりも重かったのである。ただ、感激に浸っていたのは一時だけで、あとは式次第が確実に進んでいくかどうかに目を光らせていたのだろう。「うれしさどころじゃない」と自らを叱咤して、無理にも実務に意識を集中させようとしていたに違いない。

宣誓が終わると、五百羽の鳩が放されて織田フィールドの空を舞い、開会式の終了を告げた。皇太子殿下、同妃殿下はフィールドに下りて各国の選手と握手をかわした。青野もその一人だ。「限りない感激を覚え、胸の打ちふるうのを如何とも為し得なかった」と彼は大会報告書の感想文に書いている。

皇太子夫妻の支え

国際身体障害者スポーツ大会にして国際ストークマンデビル競技大会、通称として東京パラリンピックと呼ばれた歴史的な競技会は、ここに開幕した。中村裕が初のストークマンデビル訪問から帰り、大分県で身体障害者体育大会を開いてから三年。運営委員会が正式に発足してわずか一年半。この短期間で、しかも資金や人員が十分でない中での大会開催である。さまざまな支援や励ましに支えられて、ようやくたどり着いた開幕の日だった。

何より大きかったのは、大会名誉総裁を務めた皇太子殿下と同妃殿下の支援だったのではないか。両殿下は、開催準備が始まる前からパラリンピック大会に関心を示し、東京開催の実現に力を貸した。元侍従長の渡邉允《まこと》は「若き日の両陛下と東京パラリンピック」と題した記事を雑誌に寄稿した中でこう書いている。

この日本における障害者スポーツの出発点とも言うべき大会が実現するにあたって、当時まだ皇太子・皇太子妃として三十代に入られたばかりの天皇皇后両陛下が、そのお若い力を

開会式での皇太子殿下と美智子妃殿下（当時）。

惜しみなく傾けられて、未知の分野に挑む関係者を支援し、励まし続けられたことを、幾つかの古い記録の中に見付け、深い感慨を覚えました。*4

一九六〇年にローマで開かれた国際ストークマンデビル競技大会を日本人でただ一人観戦した渡辺華子が、妃殿下にその経験談を話したのが始まりだった。寄稿記事によると、妃殿下は、渡辺が聖心女子大学で特別講義をしたのをきっかけとして彼女に会い、ローマ大会の話を聞いたうえで、日本開催についての相談を受けたのだという。妃殿下は皇太子殿下にこれを伝え、スポーツや福祉の関係者にも話をして意見を求めた。両殿下が東京パラリンピックにかかわるようになったのはここからだ。

妃殿下は、当時、日本オリンピック委員会の委員長を務めていた竹田恒徳《つねのり》や、日本赤十字社で青少年課長をしていた橋本祐子《さちこ》に話をしたと渡邉は書いている。日本のオリンピック運動のトップにあった竹田は、内外のスポーツ界に大きな影響力を持っていた。橋本はその人脈を生かして、パラリンピックでの語学奉仕のグループを組織した人物である。大会開催を目指していた関係者にとって、妃殿下のはからいは大きな助けとなったに違いない。

以来、両殿下は、ストークマンデビル競技大会に派遣された選手に面会するなどして、障害者スポーツと東京パラリンピック開催を折に触れて後押しした。ストークマンデビルの参加選手が東宮御所を訪れた際に、両殿下と卓球をした話はしばしば語られるエピソードだ。障害者スポーツへの理解の深さは、関係者にとって何より心強い支えであったろう。

早い段階で妃殿下から話を聞いた橋本祐子は、大会開催にあたって重要な役割を担った。海外選手の通訳にあたる語学奉仕団の組織は、橋本ならではの功績だった。オリンピックで通訳を務めた人々には報酬があったが、こちらはまったくのボランティアである。運営資金が乏しかった大会。語学奉仕団に限らず、運営側では無報酬の活動がほとんどだった。文字通り、「奉仕」の姿勢が大会を支えたのだ。

陸上自衛隊支援群の力も大きかった。内外から空港に到着した選手を飛行機から抱き下ろしたのは自衛隊員たち。さらに選手村や競技場での介助、補助のほか、開会式では各国の旗手となり、音楽隊が行進曲を演奏した。縁の下の力持ちとしての奮闘は、スムーズな大会運営のために欠かせないものだった。

開幕にあたって最もきわどい綱渡りを強いられたのは、選手村や、メイングラウンドとなった織田フィールドの準備である。選手村は、オリンピック閉幕後も後処理のため五輪組織委員会の管轄下にあり、パラリンピックの準備にはわずか二日の猶予しかなかったといわれる。選手村を担当した東京都民生局の係員らが、限られた時間で車いす用のスロープなどを整備し、きわどく開村に間に合わせた。織田フィールドの特設スタンド設置も二日間でやってのけた。開幕ぎりぎりに残った最後の難問を乗り越える原動力となったのは、「なんとかやりとげよう」と奮起した担当者たちの心意気だったというわけだ。

これらのさまざまな支援や奉仕や奮闘が、歴史的な大会の開幕を支えたのである。直前の東京オリンピックは、国を挙げての巨大なパワーによってつくり上げられた。一方のパラリンピックは、ひとつひとつはささやかともいえる力が結集されて開幕にこぎつけた。組織に対する個人。華やかさに対する質朴。一九六四年の東京オリンピックと東京パラリンピックをあえて比較すれば、そういうことになる。もっとも、パラリンピックという大会には、そうした形の方がふさわしかったとも言えるだろう。

「運動会」

英文学者、評論家として知られる中野好夫が、開幕直後に「パラリンピック観戦記」を書いて週刊誌に寄稿している。タイトルは「明るく朗らかな運動会」というものだ。中野は開会式の感想をこう記している。


妙に気負って熱狂的なふんいきではないが、迎えるスタンドの拍手まで、心の暖まるなごやかさにみちて、少なくともぼくなどにはひどく快い開場式であった。

それにしてもパラリンピック——大きくいえばあの東京オリンピックのかげで、小さく美しく開いた一輪の花ということもいえないではない。

［織田フィールドでの開会式は］正面スタンドもほんの仮設なら、あとの三方はただ草の上に折りたたみ椅子を並べただけである。だが、これでいいのだとぼくは思う。

背後にいたどこかの取材記者の一人が、ほう、運動会だな、と思わずつぶやいた。スポーツ大会といわなければいけないのかもしれぬが、ぼくは明るく、楽しい運動会であってなにが悪いのだと、むしろ言いたい。[*5]

ささやかで地味で質素な運動会。華やかさとは無縁で、ひっそりと、ほとんど注目されずに開かれた。だが、そこには一人一人の顔が見える親密さがあり、ほっと温かい空気が流れていた。東京パラリンピックは、そうして静かに幕を開けたのだった。

＊1 「毎日新聞」一九六四年十一月八日夕刊
＊2 中村裕『太陽の仲間たちよ』(講談社、一九七五年)
＊3 『中村裕先生を偲ぶ』(太陽の家、一九八四年)
＊4 『文藝春秋』二〇一三年二月号
＊5 『週刊朝日』一九六四年十一月二十日号

第6章 大会

競技会場

開会式を終えた午後から競技が開始された。織田フィールドには二千人の観客が集まって、陸上競技のやり正確投げと車いすスラロームを見守った。選手村内の広場に設けられたアーチェリー場で行われたのはダーチャリーだ。これはアーチェリーとダーツの要素を組み合わせた競技である。

一方、オリンピックの水泳会場として連日大歓声が響いた国立屋内総合競技場（国立代々木競技場）ではウエイトリフティングと卓球が始まった。ウエイトリフティングは、あおむけに寝た状態でバーベルを差し上げるもの。つまり、現在はパワーリフティングの種目となっているベンチプレスだ。

代々木競技場といっても、あの巨大な建物の全体を使ったわけではない。ロビーのスペースを使って会場を設営したのである。オリンピックとはまったく違う、しごくささやかな形で、しかしおそらくはずっと親密な空気が流れる中でパラリンピックの競技は行われた。

選手村内のショッピングセンターのあとを利用して行われたのはフェンシングである。水泳は少し離れた東京体育館屋内水泳場で実施された。どの会場も入場料は無料だった。

このようにして、東京パラリンピックはオリンピックの選手村と国立代々木競技場第一体育館、同第二体育館を中心に会場を設けた。織田フィールドはオリンピックの名選手が躍動した場所とはいえ、練習グラウンドにすぎない。もっと華やかなところでできないかという声が出て、一時は、オリンピックでバレーボールやサッカーの熱戦にわいた駒沢で開会式をやったらどうかという案も浮上した。が、これがあっさり消えたのは、宿舎となる選手村からの選手輸送が難しかったからだ。

大会に向けては特注のリフトバスが九台用意されていた。車いすのまま、リフトを使って車内に乗り込めるバスは、当時としては日本で初めてという特別製だった。一九六〇年のローマ大会でも一台しか用意できなかったという最新鋭車両だ。相談を受けた自動車工業会が費用の半分を負担してくれて手に入った貴重な九台である。

だが、それでも四百人近い車いす選手を、代々木の選手村からかなり離れた駒沢公園に送るには到底足りない。広い駒沢の敷地に、くまなくスロープなどを設けてバリアフリーにするとなれば、とてつもない費用と手間もかかる。というわけで、駒沢案はちらりと浮上しただけでたちまち消えた。

とはいえ、仮設スタンドを設けた織田フィールドは、観客と選手の間も近く、大きな競技場にはない、どこかなごやかな雰囲気に満ちていたに違いない。アーチェリーが行われたのはのんびりとした雰囲気の草原。バスケットボールは屋外の仮設コートでも試合が行われたし、ショッピングセンターのスペースを利用した競技会場というのもいかにも素朴で親しみやすそうだ。準備にしろ運営にしろ、手づくり感が横溢していたパラリンピックには、いかめしい大競技場より、むしろその方がずっと似合っていたのではないか。

初日の競技を伝える新聞にはこんな見出しがあった。

「〝愛の祭典〟なごやかに」

「和気あいあい」「みんな勝敗にこだわらず」

もちろん、競技である以上、勝敗にこだわらないわけはないのだが、それだけ各国の選手同士が、また観客と選手が一体となった雰囲気の中で競技が行われたのだろう。

初日に織田フィールドで行われたやり正確投げと車いすのスラロームは障害者スポーツならではの種目だ。やり正確投げは、男子10メートル、女子7メートルの距離で直径3メートルの標的目がけて競技用のやり(女子用)を投げる。より中心に近いところを狙って正確性を競うのである。一方の車いすスラロームは、全長84メートルのコースに旗門や坂道を設けてタイムを競った。旗門によって前進、または後退で通過することが定められており、車いすを自在に操るテクニックが一番の見どころとなる。

この両種目には、開会式でストークマンデビル大会旗の旗手を務めた小笠原文代も出場した。二人だけの日本女子選手の一人で、ふだんは離れて暮らしている二人の幼い娘の母親でもある。新聞記事によると、この日応援にやってきた娘たちとは八カ月ぶりの対面。スタンドからは「おかあちゃん、頑張れ」の声が飛んだという。それを聞いた母は、どんなに勇気づけられたことだろうか。小笠原は車いすスラロームに出場して4位に食い込んだ。途中で転倒しながらも最後まで走り切ったのは、娘の声援の後押しがあったからに違いない。

車いすの操作技術が試されるスラロームで、難所を抜けるイスラエルの選手。

夜の部で行われた卓球に、待っていた観客は入れなかった。出場者が予想以上に増えて卓球台を増やしたため、観客用のスペースがなくなってしまったのだという。体育館の狭いロビーならではのハプニングだ。

どの会場も観客が入るスペースは五百人から二、三千人程度。それも埋まるかどうかは疑問に思われていたのだが、初日の競技はかなりの人出を集めた。新聞報道を見ると、この日、選手村を中心とした会場を訪れたのは警察調べで合わせて二万二千人。オリンピックに使われた施設の見学を兼ねてやって来た観客も多かったとはいえ、日本で初めて開かれる国際大会にふさわしい応援にはなったといえる。

東京パラリンピックでは、このほか、アーチェリー、スヌーカー、水泳、車いすバスケットボール、陸上競技の投てき（やり投げ、砲丸投げ、円盤投げ、こん棒投げ）、同じく陸上のトラック種目（車いす六十メートル、車いすリレー）、五種競技（やり投げ、砲丸投げ、こん棒投げ、水泳、アーチェリー）が実施された。先に触れたダーチャリー、ウエイトリフティング、卓球、フェンシングと合わせて、全部で十競技が行われたのである。

競技によって障害の程度、内容などに応じたクラス分けも行われていた。障害者スポーツで何より大事なのがこれだ。同じように下半身の自由を失って車いすを使っていても、腹筋がきくかどうかなどの違いで運動能力には大差がつく。その後、発展に伴って各競技で細分化が進んだように、平等性確保のためには合理的で厳密なクラス分けが欠かせないのである。

中村裕が専門誌に書いた「国際身体障害者スポーツ大会を終りて」によると、たとえば陸上の投てき種目はAからDまで四つのクラスに分けられていた。「A 胸髄9以上の完全麻痺」「B 胸髄9以上の不完全麻痺」「C 胸髄10およびそれ以下の麻痺」「D 馬尾《ばび》神経麻痺」である。水泳はさらに細かく分けられており、二十五メートルの距離では4クラス、五十メートルでは7クラスが設けられていた。ストークマンデビル競技大会が国際大会になって十三回目。クラス分けも、回を重ねるごとに工夫されてきていたのだろう。

海外勢との差

陸上競技、ことに投てき種目では欧米勢のパワーが目立った。上半身の厚み、たくましさは日本選手の比ではなかった。日本勢はただ目を見張るばかりだったようだ。

投てきで使われたのは、やりが一般の女子用、砲丸は男子4キロ、女子3キロ、円盤が1キロのものだった。一番障害が軽いクラスの優勝記録は、やり投げ男子が26メートル70、女子が15メートル50。砲丸投げでは男子が9メートル96、女子が5メートル16。中でも円盤投げの記録はかなりのものだった。健常の一般女子が使う1キロの円盤で、男子は36メートル98をマークしている。まだ障害者スポーツが世界的にもさほど発展していない時代、しかも練習方法なども確立されていないころの記録としては、かなりのレベルと言えるのではないだろうか。二〇一六年のリオデジャネイロパラリンピックを見てみよう。車いすで最も障害の軽いF56クラスの優勝記録は45メートル33だ。現在のクラス分けはずっと細かく、精緻になっているから単純な比較はできないが、とはいえ、当時の記録にもそれなりの重みがあるように思える。

重さ397グラム、長さ39センチの木製の棒を投げるこん棒投げでも、男子では41メートル63の記録が出ている。上半身の筋肉を鍛え上げた海外選手が繰り出すパワフルな投げには、下半身の自由がきかないというハンディを忘れさせるほどの迫力があったに違いない。

陸上の投てきでは、四種目に男女それぞれ十六のクラスがあった中で、アメリカが十一の金メダルを獲得して断然の強さを見せた。続いてイタリアが六つ、南アフリカが四つ、ドイツが三つの金を得ている。イギリス、ローデシア、イスラエルも金二つ。日本勢のつけ入るすきはまったくなかった。

「一見しただけで、外国選手の体格は、日本選手とくらべものにならないほどよい」「日本選手もこの競技に参加したが、体格の相違はどうにもならず、苦斗《くとう》した」

これは、報告書とともに、大会後に運営委員会がつくった写真集にあるコメント。新聞記事にはこんな描写もある。


外国勢のすさまじい奮闘ぶりの前に日本選手たちは目をみはった。車イスを完全に自分の足にし、観衆は曲芸と錯覚するほどの車さばき。こん棒投げでは、からだを車イスごと傾けて投げ、投げる動作が終わると車イスを支えている巨体のコーチが投げ出されるようなすさまじさ。*1

短い文に「すさまじい」の言葉が二度も出てくるのは、取材していた記者も驚くほどのパワフルさがあったからだろう。これに対し、日本勢はといえばこんな状況だった。記事はこう続く。

日本勢はややもすると遠慮がちというか、試合の動きにからだがついていけず、しかもすぐに疲れがめだつありさまだった。*2

「遠慮がち」というのは、戸惑いばかりが先に立ったからに違いない。そもそも、こうした大会に出場した経験もなく、練習の不足で競技自体にも慣れていない選手が大半だったのだ。圧倒的な

円盤を投げる、たくましい体格のアメリカ選手。

パワーを目の前にしては、ただ驚き、感嘆するしかなかったのではないか。

日本選手が痛感したのは、体格やパワーの差だけではあるまい。迫力あるパフォーマンスを可能にしているのは、その土台にある個々人の生活や社会構造でもある。自立して暮らし、スポーツも楽しむことができる環境があるからこその好成績なのだ。日本選手たちは、海外勢の分厚く、たくましい体に目を見張るだけでなく、彼らの活躍を支える生活の厚みをも感じていたに違いない。

車いすスラロームでは転倒する選手が多かった。海外勢も同様。しかし、激しく横倒しになり、車いすから投げ出されても彼らは平然としていた。自力で、必要な場合は介助を受けて再び車いすに乗り、競技を続行した。新聞記事には、何度も転んだイギリスの女子選手がトラックに大の字になって大声で笑い出したとある。見る側には痛々しく感じられるような状況でも、本人は自分の失敗を笑いのめして楽しんでいたというわけだ。外国勢は体だけでなく心もたくましかったのである。

車いすそのものの差も大きかった。「練習するのに、車いすを交代で使った」という話もあったように、皆が自分の車いすを持っていたわけではなかったのが当時の日本の障害者。対する欧米選手はより軽く、性能のいい車いすを使いこなしていた。それが「曲芸と錯覚するほどの車さばき」を可能にしていたのだ。中村裕は「車椅子競技の成績の優劣は直接、その国の medical rehabilitation と車椅子そのもののレベルを示すものであり、日本製の車椅子改良のよい刺激になったことと思う」[*3]と書き残している。

ウエイトリフティングでも外国選手が圧倒的なパワーを見せつけた。パワーリフティングのベンチプレスの形でフェザー、ライト、ミドル、ヘビーの四階級が行われたが、注目を集めたのはやはり重量級。鍛え抜かれた筋肉を盛り上がらせ、100キロを超えるバーベルを差し上げる光景は迫力に満ちていた。ヘビー級の優勝記録は157・5キロ。ミドル級はそれを上回る170・0キロ。「大会写真集」も、迫力満点の競技ぶりを「観るもの思わず息をのむ。ウエイトリフティングは大会の圧巻であった」とたたえている。

健闘と惨敗

しかし、パワー系以外の競技では日本勢もまずまず健闘した。活躍が目立ったのは卓球、アーチェリー、フェンシング、水泳だ。

中でも奮闘したのは国立箱根療養所から出場した選手たちだった。アーチェリーの団体二種目で銀メダルを取り、ダーチャリーで銅メダル。前年のストークマンデビル大会に箱根から初出場した安藤徳次も、この二競技で二つのメダルを獲得している。一般になじみのないダーチャリーは、正式な形で練習したのはたった一回だけという中でメダル獲得にまで到達した。出場チーム数も少なかったのだろうが、持てる力を出し切ったのは評価できるところだ。

卓球では男子で銅メダル一個を獲得。女子ダブルスも銅メダルに輝いた。パワーではかなわなくとも、技術の勝負では互角に戦ったというわけだ。箱根勢は、映像に残っているように、短期間ながらかなりの練習を積んできていた。それが本番で実ったのである。所長としてスポーツ振興策を進めてきた富田忠良も、大会役員の立場で競技を見守りながら喜びをかみしめていただろう。

箱根療養所から出場し、二競技でメダルを獲得した安藤徳次。

開会式で選手宣誓の大役を担い、大会の顔ともなった青野繁夫も堂々と戦い、好成績をおさめた。青野が出場したのはフェンシングと水泳。両競技で銀メダルを手にしている。水泳では五十メートルの自由形で、フェンシングではサーブル団体で箱根の仲間とともに銀の栄冠に輝いた。フェンシングはまったく未知の競技だったが、オリンピック代表候補選手にコーチを受け、「いまや剣鬼」とまで評された猛練習を重ねてきたのがメダルにつながったのだ。報告書の感想文には、その喜びが記されている。

フェンシングに於て、私達の技は確かに練習期間も八カ月という短時日で、西欧の伝統に対抗しようとするのであるから、考えれば無茶という人もあったと思うが、私達は敢然とそれに斗《たたか》い、とにかくやり抜き、銀メダルを獲得できた事は、所長先生を始め皆さんの理解とコーチにめぐまれた等の条件はあったにしても、やれば出来るという自信を強く味わしてくれた。その自信は以後の私達の生活に、大きな示唆と勇気を与えてくれるものと思う。実際に準決勝にオーストラリアを破った時、期せずして三人深々と抱きあい、感激の涙を流した。その涙は私達の生活をささえ、発展させる原動力となることを確信して居る。

いずれにしても、水泳、フェンシングとも銀メダルを得た事は、自分の努力が報いられたものだけに、今迄《まで》の病床生活を思い、心から喜びをかくし様がなかった。

硬い調子ながら、やり遂げた満足感が伝わってくる文章だ。青野も最初にパラリンピック出場のことを聞いた時には、さほど前向きではなかったように思われる。自ら報告書に書いているように、練習を進めるうちに「可能性をためしてみよう」と積極的になっていったのである。経験は浅く、技量もまだまだだったろうが、「三人抱き合って感激の涙を流した」時、彼はさながら競技者のような喜びを味わっていたのではないか。

最終的に日本勢は十個のメダルを獲得した。金一個、銀五個、銅四個という成績だった。メダルの獲得数のトップは断然の強さを見せたアメリカ。金メダルでいえば、四十九個は二番手のイギリスの十九個を三十個も上回っていた。以下、十四個のイタリア、十個のオーストラリアとローデシア、八個の南アフリカ、七個のイスラエル、アルゼンチンなどが続いている。

日本の一個は、卓球の男子ダブルスC級で優勝した渡部藤男・猪狩靖典のペアだった。国際パラリンピック委員会が一九八九年に誕生した後、一九六〇年のローマ大会を第一回のパラリンピックとして認定し、六四年の東京を第二回としたのはこれまでも触れてきた通りだ。ローマ大会に日本は出ていない。つまりこの卓球ダブルスの金メダルは、日本パラリンピック史で初となる歴史的な快挙ということになる。

しかし、当の本人である渡部は、その時の記憶をすべて失っていた。そこから過ぎた半世紀以上の年月、苦しさも大いにあったに違いない長い人生のはるか向こうに、パラリンピックの思い出は遠ざかってしまったのだ。

「ちょっとだけ（記憶が）残っているのは、丹下健三ですか、あの建築家がつくった建物です。（卓球の）会場がそうだったね。あの建物（国立代々木競技場）でした」

「何試合やったか、どんな試合だったか、まったく覚えていないんです。シングルスは一回戦で負けちゃったんで、それは記憶しているんですけど。（相手は）イスラエルの選手でしたね。それは一回戦で負けちゃった。でも、ダブルスは何回戦を戦ったのか、まったく覚えていないんです」

これは二〇一四年に話を聞いた時の言葉だ。その時点で、歴史に残る戦いはいっさい記憶から消えていた。なんとも残念ではあるが、それは大方の選手に共通することだろう。あとから振り返ってみれば、歴史的に大きな節目となったのがよくわかる一九六四年のパラリンピックも、当時の選手にしてみれば、たまたま話があって出場しただけの経験にすぎない。下半身の自由を失い、それからの人生をどう生きていくのかをまず考えねばならなかった人々としては、偶然に出合った若き日の体験をいつまでも記憶にとどめておく余裕などなかったのである。

技を身につけて健闘した競技の一方で、参加各国にまったく歯が立たなかった戦いもあった。車いすバスケットボールだ。

いまも昔も、障害者スポーツの花形といえばまずバスケットボールに指を折ることになる。世界中でプレーされ、楽しまれている人気競技。車いすの試合は健常者のコートやルールとほとんど同じ形で行い、スピードあふれるプレーも、攻守がめまぐるしく入れ替わるスリリングな展開も変わらない。随一の注目競技であるゆえんだ。が、それはまた、プレーレベルの高い強豪国が多いということにもつながる。

選手団長を務め、誰よりも日本選手の実力を知っていた中村裕は、そこが気がかりだった。そこで彼は大会の頂点に立つグットマン博士を訪ねる。医学専門誌のインタビューで語っている経緯はこうだ。

グットマン博士に、日本は初めてこういうことをやるのであって、レベルは低いし、車椅子バスケットなんかも初めてだから、一番弱い相手と組ましてもらいたいとお願いに行ったのです。それじゃフィリピンがいいだろうということになって、皇后陛下が観戦にみえるというので団長の私が貴賓席でご説明しないといかんということで張り切っておった。ところが、一番弱いといわれたフィリピンに惨敗を喫してしまったのです。ぜんぜん点が取れない。私は恥かしくて、皇后陛下にもなんともご説明しようがないという感じでした。*4

これはまた草創期の大会らしい話だ。いまではそんなことができようはずもないが、皇后陛下が観戦する日にはなんとかいいところを見せなければならないと思って、大会運営に強い影響力を持つグットマンに、勝てそうな組み合わせにしてほしいと頼んだのである。謹厳なグットマンがその無理な頼みを聞き入れてくれたところには、ちょっと微苦笑を誘われる感じがある。グットマンの方にも、愛弟子が奮闘する大会をできる限り盛り上げてやりたいという親心があったのだろう。

そこまでしても結果は出なかった。フィリピンに惨敗していては、実力上位がはっきりしている欧米のチームに勝てようはずもない。大会前にある程度の練習はしていたのだが、さすがにこの人気競技の晴れ舞台ともなれば、付け焼刃ではどうにもならなかったのである。

善戦、健闘もあれば、歯の立たない完敗もあった大会。短期間に身につけた技が予想以上に通じた喜びを感じる一方では、あまりの力量差に打ちのめされることも多かった。日本が不出場だったスヌーカーや五種競技は、どの選手も初めて見たに違いない。どの競技もぶっつけ本番、出たとこ勝負。それが東京パラリンピックの日本選手団の戦いだったのだ。

すべてが手探り。すべてが発展途上。それでも、戸惑いや驚きや衝撃の向こうには、さまざまな光がかすかに見えたかもしれない。知識も経験もないまま、いきなり国際大会のただ中に放り込まれた日本の選手は、そんなふうにしてパラリンピックの五日間を過ごしたのである。

混乱の運営

大会運営はどうだったのだろうか。

競技部会、選手村運営部会、広報部会など十の部会を設け、自衛隊の支援も受けて開いた東京大会。競技はもっぱら各競技団体が要員を派遣してとりしきった。日本では障害者スポーツが始まったばかり。ルールや競技進行の知識も乏しいまま。トラブルや混乱はやはり避けられなかった。

たとえば――。同じクラスでいくつかの組に分かれてレースが行われれば、全部の組が終わったうえでのタイム上位の選手がメダル獲得となる。ところが、そのうちのひとつの組でトップになったことで、その選手が金メダルを獲得したと勘違いするケースが何度かあった。報道陣もそうした仕組みをよく知らないまま取材にあたっていた。そこで、「なんであの選手がメダリストにならないのか」という問い合わせが大会本部に相次いだという。

運営委員会側も、すべてのスタッフがルールや仕組みを熟知していたわけではない。運営委と、ストークマンデビル競技委員会の解釈が食い違い、いったん発表したメダル獲得と表彰が取り消されたという新聞報道も残っている。

もっとも、第一部大会の主催者たるストークマンデビル競技委員会側の対応にも少なからず問題があったとされている。大会報告書に、最も重要な各競技の参加人員について、前もってストークマンデビル側から連絡がなく、プログラムの編成や競技時間の設定、用具数の決定などに苦労したと記されているのはその一例。また、その報告では、大会が始まってから種目が追加されることもあったとして、ストークマンデビル側の対応の不備を指摘している。

大会運営に対する姿勢や考え方の違いもあって、日本の運営委員会とストークマンデビル競技委員会との間にはいささかの摩擦や反目もあったようだ。「お茶の時間だ」と仕事や競技を中断するストークマンデビル側。いったん始めた仕事はきっちり終わらせたい日本側。それは日英の文化摩擦でもあったのかもしれない。

運営面では初めての経験ばかり。すべてバラバラで〝バ・ラ・リ・ン・ピ・ッ・ク〟などと陰口もきかれた。[*5]

これは当時の新聞記事の一節。パラリンピックとは手厳しい表現だが、取材者としてはそう言いたくなるほど混乱や不手際が相次いだのだろう。日本側の関係者にとって、障害者スポーツの国際大会開催はまったく初めての経験だった。それは、未知の世界を手探りで進むようなものだったのである。

とはいえ、混乱や摩擦や食い違いをはらみながらも、大会はなんとか五日間の会期をまっとうした。障害者が社会の中で居場所を失っていたあの時代に、障害者スポーツという概念さえほとんどゼロに近かった国で、四百人近い選手が参加し、十種もの競技を組み込んだ国際大会が開かれたのだ。そのことだけでも、一九六四年の東京パラリンピックには大きな意義があったと言わねばならない。

陸上の投てき種目ではボーイスカウトが大事な役目を担った。車いすの車輪などをしっかりとつかんで投てきの反動を止める役である。車いすが動いてしまえば思い切った投げができない。パワフルな海外選手の車いすを止めておくのには力の限りを尽くさねばならなかったろう。

「大会写真集」は、「記録は2人で作られる」と見出しを掲げてボーイスカウトの奮闘をたたえた。

懸命に車いすを抑えるボーイスカウトの青年。

全力で車輪を支えながら、若者たちは障害者スポーツへの、さらに障害者の暮らしへの思いを深めたに違いない。この例のように、さまざまな場所で障害者と健常者とのふれ合いがあったことも、パラリンピック開催の意義深い側面だった。

閉会式は十一月十二日の午後五時から、皇太子殿下、同妃殿下ご臨席のもと、代々木第二体育館で行われた。女子大生百二十人によるパラリンピック讃歌が響き渡ったのち、美智子妃殿下から六人の優秀選手にトロフィーが贈られた。日本でトロフィーを受けたのは、ただひとつの金メダルだった卓球ダブルスの渡部藤男だ。「銀の剣」を贈られたフランスのフェンシング選手は、その剣をまっすぐに立てて感謝の敬礼を妃殿下に捧げた。

「蛍の光」が流れて式の終了を告げても、各国の選手は名残を惜しんでその場を離れようとしなかったと報道は伝えている。運営上の問題はいろいろあっても、はるばる海外からやって来た選手に名残惜しいと思わせるだけの親しみ深い味わいが、この大会にはあったというわけだ。

出場者の記憶

ホスト国の代表選手として五日間を過ごした日本の若者たちは、大会全体を通じてどんな思いを抱いていたのか。いきなり降ってわいた「パラリンピック体験」というものを、選手たちはどう受け止めたのか。あらためて彼らの言葉を聞いてみよう。

「大分から飛行機で、大阪の伊丹で乗り継いで羽田に行きましたね。（乗り降りは）みな自衛隊の方がやってくれて、抱え上げてくれました。空港に着いたら、待っていたバスがリフト付きで、それはまあ乗りやすかった。私なんかは、それまでは、抱え上げてくれなければ乗れなかったからね。ああ、こんなバスがあるんじゃなあと思いました」

「選手村には一週間くらいおったのかな。部屋はよかったですよ。もとは米軍さんのものでしたから、中はバリアフリーになっているんです。玄関にはスロープがついてました」

「競技は、六つぐらい出たのかな。陸上は車いす競走とスラローム、やり正確投げ。あとは水泳、バスケットボール。卓球もやったと思います。やり正確投げ、順位は覚えてませんね。教えてもらえなかったのかもしれません。記録取る人があまりおらなんだから。メダル？　とてもじゃないが、そこまでいきません」

「水泳は平泳ぎです。私、どうしてか知らんけど、三十メートルじゃとばかり思ってたんですけど、プールに行って、やっと気がついた。五十メートルだったんです。（五十メートルは）いっぺんか二へん、泳いでいたんですけど、あんなにきついとは思わなかった。タイムは覚えてないんですけど、途中で息切れというか、おぼれかかったことははっきり覚えとるんですよね。ああ、ここでおぼれるんじゃろかと思って、バタバタしたのは覚えてるんです。そこからスピードがバタッと落ちてしもうて、やっと（ゴールに）たどり着きました」

「外国の選手は体力や腕力があるな、というのはすぐに感じました。そういうのは雰囲気だけでわかるんです。ああいう大会に慣れているなという感じもありました」

これは須崎勝巳の思い出である。当時、車いすバスケットボールは「完全麻痺」「不完全麻痺」に分けられていたが、大分から出場した選手は「完全麻痺」の方。障害が重い分、練習も十分にはできなかった。褥瘡をつくってはいけないという不安が常に頭にあったし、「まだ体力がないから、無理すると熱を出したりする」心配もあった。実際、須崎は選手村に入ったとたんに発熱して一日休養したという。二十二歳という若さを買われて多くの種目には出たが、もともとの体の状態を考えれば、それは体力ぎりぎりの奮闘だったのだ。

そうした中で、力強くたくましい海外の選手を初めて見たのである。日本選手からすれば、外国勢の躍動はまるで別世界の出来事のように思えたかもしれない。

近藤秀夫も陸上、バスケットボール、アーチェリーなど多くの競技に出場した。陸上で出た記憶があるのは車いす競走、スラローム、こん棒投げなど。そのほか、記憶にはないが、卓球にも出たかもしれないという。

当時二十九歳。小柄な近藤が多くの競技・種目に出場したのは、体力では誰にもひけを取らなかったからだ。

「私は体力はあったんです。最初からエントリーしていたのはアーチェリーとバスケットなんですが、中村先生から『何かあったら声をかけるから、頼むぞ』と言われていたんですね。それは、出番になっても(体調の問題などで)出場できない選手がいっぱいいたから。中村先生が、指導員たちに『困った時には別府の近藤に』と言っていたらしいんです。だから、よく『別府の近藤さーん』と探しに来ましたよ。それで、あしたの何時にどこそこのフィールドに来てくれ、と」

「私、以前に傷痍軍人の人が和弓をしているのを見ていて、やってもいいぞというので、自分でも何回かやってみたんです。それで、中村先生に何かスポーツをしたことがあるかと聞かれて、遊びで和弓をやったことがありますと言ったら、じゃあアーチェリーだな、と。その時、初めてアーチェリーという言葉を聞いて、じゃあやりましょうとなりました。実は私、選手村に和弓の稽古用の弓と矢を持っていったんです。でも練習場へ行ってみたら、みんなが見たこともない弓をやってるじゃないですか。へえ、あれがアーチェリーか、と。それで、見よう見まねでやりましたけど、自分で射った矢がどこへ行ったかもわからない。それが、私のパラリンピックのアーチェリーでした」

本格的に練習をしていた箱根療養所の選手は、「大分からすごいのが来たぞ」と驚いた。なにしろ、まったく別物の和弓を持ってアーチェリー場に乗り込んできたのだ。豪胆な近藤は初めて見る洋弓にもものおじしなかった。強靱な体力と精神力は、十六歳で車いす生活となって以来、何ごとにも積極的に、前向きに取り組んできた生き方のたまものである。初めての機会にも体当たりでチャレンジしていく姿勢は、パラリンピックの舞台でも変わらなかった。

ドイツから帰って一年の桑名春雄は、陸上、水泳、バスケットボールに出場した。ホスト国としては、できるだけ多くの種目に選手を参加させたい。そこで、若くて元気のいい選手はいろいろな競技に駆り出されたのである。

「陸上、水泳、もういろいろ出ました。水泳は自由形だったです。やり投げも出ましたかね。人数が足らんから出てくれ、と。なんやらかんやら出とるんですが、そううまくはいかんもんですね」

「やり投げのやりなんか、握ったこともない。どげにして投げていいのか、わからない。(本番で外国選手を見て)なんだ、ああして投げるのか、と。私ら、(やりの穂先が)上から刺さるように練習しとったけど、違うんですね。(刺さらないで)平べったく当たってもかまわんのです。まあ、そんなもんでした」

「水泳は、行って泳いでみたら、(海外の)他の人もそうたいしたことないんですよ。ああ、しもた、と思いましたね。バスケットやらなんやらで追いまくられているから、相当疲れる。フーフー言いよる。だけど、水泳だけだったら、ひょっとしたら3位以内に入れたかもしれんと、後で話しました」

選手、同行している病院や施設の指導員ともに初めて経験することばかり。とにかく出場することだけを考えていて、種目を絞ったり、メダルに狙いをつけたり、ペース配分に気を配ったりなどという余裕はいっさいなかった。競技の場に立つだけで精いっぱいだったのが日本選手団だ。

須崎、近藤、桑名がそろって出場したのはバスケットボール。三人が最も記憶にとどめているのも、そのバスケットボールだ。

中村裕が「皇后陛下がおいでになる時には何とか勝ちたい」と、グットマンに直訴して日程を合わせてもらったフィリピン戦も完敗だったように、日本はどの対戦国にも圧倒される一方だった。大分勢は、国立別府病院と国立別府保養所である程度の練習をしてきていたが、それでも海外の強豪との実戦ともなると、あまりの力の差に呆然とするばかりだった。

「五試合くらいやったと思うんですけど、全然でしたね。わしらは走るのも追いつかんかった。

アメリカの選手なんか、こう、ゆっくりとした感じでやってくれてね。こっちは一生懸命しよるけど、向こうは軽く、シュート打ってみろ、みたいな感じで空けてくれるんです、わざとね。それで（ゴール下に）入れてくれても、なかなか……。いざとなると、やっぱり慌てるでしょう。普通の練習と違って、興奮しとるから、なかなか入らんのですよ」

これは須崎の話だ。バスケットボールは他の競技に比べてそれなりに練習したという記憶が彼に

バスケットボールの対戦前に握手を交わす日米の選手。

はある。が、待っていたのはどうやっても歯が立たないという衝撃だった。桑名の記憶もほとんど変わらない。

「力が違いました。（海外勢は）走るのも速いし、シュートもうまい。私ら、力が弱いとなかなか上（リング）にまで届かんとです。それでも、人数が少ないから、うまい者も下手な者も交代で出ないといかん。やっぱり試合になると、練習の時のようにはいかんですね。一生懸命なんだけど、いまでは大丈夫だったやつが入らんようになりますから」

「フィリピンにも負けました。アメリカ、フランス、ドイツ、イスラエル、フィリピンといったところとやったんですかね。フィリピンと当たった時には、オレたちだってと思いましたけど、あの人たちの方がうまかったです。あっちの方がボールを操るのがうまかったんですよ」

「一番はやっぱりアメリカですかね。ドイツもうまかったし、イスラエルも体がでかくてうまい。やっていて、ほーっと思うことがあったです。これがバスケットじゃ、ってね。彼らは子どものころからやりよるんでしょうねえ」

「これがバスケットじゃ」の言葉には、その時コートに立っていた者にしかわからない実感がこもっている。スポーツの世界では、健常者であろうと障害者であろうと、レベルがどうあろうと、この思いは共通しているのだ。その時、彼らは初めて「本物」を見たのである。

「バスケットではもう、遊んでもらいましたからね。特にアメリカ。彼らが（ゴールを）入れるでしょ。そうすると、ゴールを真ん中にして、アメリカの選手たちがパッと並ぶんです。それで、さあ、今度はお前たちだ、行けーっという感じでボールをくれるんです。その花道みたいにつくってくれたところを、真っすぐに行ってシュートするんですけど、それで入ったら、すごく拍手してくれる。もうこれは試合じゃないんですよ」

「スピードが違っていて、ついていこうとするだけで、体力が続かない。肩も使い過ぎて、痛くてたまらない。成績はひどかったですね」

近藤秀夫はそう振り返る。アメリカ戦のことは、障害者スポーツの歴史を回顧する中でよく語られるエピソードだ。スピードも技術も違いすぎて試合にならない。そこでアメリカが、日本に何度もフリーでシュートを打たせてくれたのである。

「みんな、フィリピンには勝ちたいと思った。フィリピンには絶対に勝とうねとみんなで約束しました。ところが、ひどく負けたんです。アメリカは日本をやんわり包んでくれた。フィリピンは、もろに闘志を燃やして、日本には負けたくないという気持ちで来たように思います。そんなに甘く考えるものじゃないと思いましたね」

強いチームとは試合にならず、戦いの中でいたわられる有様。同じアジアで勝てそうだと思ったチームにも完敗。これは屈辱的な結果と言うしかない。ところが、その悔しさを味わった近藤は、大会後にバスケットボールに全力で打ち込むようになる。いまでは日本のパラスポーツの中でも随一の人気と注目度を誇るようになった車いすバスケットボールだが、その足どりはこれ以上ない屈辱の記憶から始まったのだった。

選手にとって最も大事な用具、すなわち脚の代わりになる車いす自体にも差があったのは前にも触れた通りだ。海外の選手の車いすの方が、日本選手のものより明らかに使いやすそうだったのである。どの競技にも共通することではあるが、機敏で多様な動きを求められるバスケットボールでは、ことにそれが目立ったのだろう。

「向こうはちゃんと自分に合うた、自分の体に合うたやつに乗っていたように思います。日本は一律に同じでしたけどね」(須崎)

「車いす、だいぶ違っとったですよ。彼らのはスポーツ用じゃなかったですかね。重さが違うんです。畳んだら抱えられるぐらいの重さでしたね。自分たちのは重かったです」(桑名)

車いすの軽さや使いやすさは、そのまま競技の結果に直結している。もちろん、それはスポーツの場だけのことではない。車いすの機能は生活のすべてにそのままつながっているのだ。中村裕もそれを見逃さなかった。著書にはこうある。

> 車椅子の性能の違いもよくわかった。イギリスのスポーツ車は、重量が一三キロ。日本の車椅子は二三キロだった。また、外人選手は体に合った車椅子を使っていたが、日本は身障者の体格に関係なく、サイズは一つしかなかった。*6

パラリンピックは、彼我の差を否応なく目の前に突きつけてくる場所でもあった。しかも、そうした差が簡単には埋まらないのもはっきりと見えていた。本来なら希望に満ちているはずの晴れ舞台に身を置きながら、日本選手たちは深い失望もしばしば味わわなければならなかったのだ。

ただ――選手はみな、パラリンピックが自分の心に何かを残したのを感じていた。「何もわからないまま、ただ出場した」(須崎)という大会。惨敗を喫し、屈辱を味わい、慣れぬ環境に戸惑い、初めて見るものに驚いてばかりではあったが、その稀有な体験は彼らの心と体に何ものかを植えつけていった。

そのことを彼らはこんなふうに語る。須崎勝巳はこうだ。

「やっぱり経験ですね。最初は、こんなことができるんじゃろか、と。でも、できるかできんか、とにかくやってみると、それからは、あれもできる、これもできる、とどんどんなっていく。やっぱり経験することが一番なんですね」

ドイツから帰って大会に参加した桑名春雄は、さして緊張もせずにパラリンピック出場を楽しんだという。海外の生活を経験し、外国人と接するのにも慣れていただけに、国際舞台への不安や戸惑いがなかったのだろう。当初は、見も知らぬスポーツ大会のために東京まで行くのかと首をかしげた。が、いざ経験してみれば「出られたのは幸せだった」と思うようになっていた桑名が、大会を終えて感じたのはこのことだ。

「それまでスポーツらしいスポーツをしたことのある障害者なんて、ほとんどいなかったでしょう。スポーツの話なんか、あんまり聞かなかったですよ。でも、やってみればスポーツは面白い。確かに面白いんです。だから、これは将来、みんながやるようになるだろうなと思ったです」

体育館やグラウンドをはじめとして、障害者がスポーツに取り組める環境がまったく整っていなかった時代。にもかかわらず、大会出場者は発展の可能性を感じていた。草創期の大会ではあったが、パラリンピックという舞台には遠い将来を参加者に予見させる力があったのである。

「その時、私にとっての社会の窓が開いた」と、自らのパラリンピック体験を明快に言い表してみせた近藤秀夫。大会を終えた彼が抱いたのはこの思いだ。

「頑張ったこともあったし、厳しいこともあった。いろんなことを体験したんですが、とにかく、これからはもっともっと、こういうところに参加していかなきゃいけないというのは、みんな思ったと思います。参加することが大切なんです。それによって、打ちのめされるくらいの強い影響を受けましたし、新しいことを知りました。それも、たとえば専門家が教えてくれたんじゃなくて、自分自身が参加して体験したことですから。これからは、こういう時代なんだ。そのことを自分たちが体で感じたんです」

他人に教えられるだけではいけない。障害者自らが参加し、体験したうえでものごとを考えていかねばならない。自分たちの将来は、自分たちの手で切り開いていかねばならない。近藤は、パラリンピック出場を通して、それを何より感じたのである。これからどうやって進んでいけばいいのか。どのようにして生きていくべきか。そのための指針を、彼はパラリンピック体験の中でつかんだのだった。

何もなかった荒野に、東京パラリンピックはたくさんの種をまいた。その中の幾粒かが、さっそく小さな芽を出したというわけだ。

厚生省の担当者として運営の一翼を担った井手精一郎は、その後、日本身体障害者スポーツ協会(現日本障がい者スポーツ協会)の常務理事として、障害者スポーツの発展を先頭に立って牽引《けんいん》することになる。協会は翌年、東京大会の残余財産によって設立された。発展への中核となった組織も、パラリンピックが生み落としたのである。その井手が、あらためて東京パラリンピックを振り返って語る言葉はこうだ。

「あの時、大会を開いたのがなんといっても大きかった。あれは、日本の障害者スポーツの夜明けだったと申し上げていいでしょう」

＊1・2
「東京新聞」一九六四年十一月十二日朝刊

＊3
「国際身体障害者スポーツ大会を終りて」（『整形外科』一六巻五号、南江堂、一九六五年四月）

＊4
『整形・災害外科』二四巻三号（金原出版、一九八一年三月）

＊5
「朝日新聞」一九六四年十一月十二日夕刊

＊6
中村裕『太陽の仲間たちよ』（講談社、一九七五年）

第7章 支えた若者、撮った若者

語学奉仕団の活動

ストークマンデビル競技大会が発祥のイギリス以外で開かれたのは一九六四年の東京で二度目、欧州を出たのはそれが初めてだった。欧米が多くを占める参加国から、三百人を超える選手がはるばるアジアの東の端までやって来るのである。もちろん、ほぼ全員が日本語を解さないであろう。となると、通訳などの言語サービスが欠かせない。それがなければ、下半身マヒの重い障害があるうえに、周囲と意思の疎通がはかれないという二重のハンディを負うことになる。

英語だけというわけにはいかない。フランス語やドイツ語、イタリア語なども必要となる。それも、役員を合わせれば五百人近い大人数に対応しなければならない。まだ国際化の進んでいない時代である。その中で、外国語を流暢《りゅうちょう》に操れる要員を大勢集めなければならないという難問が、ただでさえ人手不足に悩む運営委員会に突きつけられたのだ。

直前の東京オリンピックでも多くの通訳要員が活躍した。が、こちらは国を挙げての大事業で、しかも報酬の出る仕事だった。ところが、大会の存在すらあまり知られていないうえに、すべての面で資金難にあえいでいたパラリンピックは、そう簡単にはいかない。無報酬のボランティアで人材を確保しなければならなかったのだ。この条件によって、難問はさらに厳しさを増したのである。

難題を解決したのは若者の力だった。大学生を中心とした「語学奉仕団」が大仕事を担ってみせたのだ。

このグループをつくり上げたのは橋本祐子《さちこ》である。日本女子大学を出てすぐに結婚して海外でも暮らし、帰国したのち、縁あって日本赤十字社に入った。その時三十九歳。英語力を買われての入社だったが、福祉にそそぐ情熱と行動力で日赤にはなくてはならぬ人材となり、一九六〇年からは青少年課長を務めていた。その在任中に手がけたのが東京パラリンピックだ。

一九六〇年のローマ大会を日本人でただ一人観戦した渡辺華子が、美智子皇太子妃殿下にパラリンピックのことを伝え、妃殿下がそれを橋本にも話したという経緯は先に触れた通りだ。元侍従長の渡邉允は、妃殿下と橋本との交流を、総合誌に寄稿した「若き日の両陛下と東京パラリンピック」でこう書いている。

橋本祐子さんは、御成婚とともに日本赤十字社名誉副総裁となられた妃殿下に、折にふれ赤十字の人道法や青少年赤十字の活動についてのお話を申し上げるという関係にありました。この時橋本さんが妃殿下から伺ったことを、かつての厚生事務次官で赤十字副社長も務め、その意味で上司でもあった葛西嘉資さんに伝えたことで、妃殿下はこのことがふさわしい関係官庁につなげられたことに安堵され、以後は問題をその人々の手にゆだねられました。＊1

パラリンピック開催にあたって大きな精神的支柱となった皇太子殿下と妃殿下。妃殿下から直接に話を聞いたのが、パラリンピックと橋本の縁の始まりだった。橋本がその話を伝えた葛西が東京大会の運営委員会会長となったのだから、彼女は開催実現に向けた段階でも重要な役割を果たしたと言えるだろう。そして大会の前年、会長に就任した葛西から「頼むよ」と肩をたたかれたのが「語学奉仕団」結成のスタートとなった。

大会報告書には、橋本の筆になると思われる滑り出しの経緯が載っている。

東京パラリンピックの通訳部会は、日本赤十字社の青少年課が担当することになった。昭和三十八年十一月二十四日の午後、運営委員会の会合に招かれて、東京大会の通訳部門を依頼されたときには、赤十字の青少年課こそ、この大任を果すことができるのだという自負と、責任の重大さを痛感した。これを引きうけるのには、相当の勇気が必要であった。二十二カ国から来る、日本語をしゃべれない人たちを相手に、その要求や意志の疎通をはかり、世界が注目している国際大会をスムースに運営する縁の下の力もちになって、立派に任務を果さなければならないのである。

困難な任務、かつ責任は重大。ただ語学に堪能な者を集めるだけではすまないと橋本は考えた。メンバーを集めるにあたって念頭に置いたのは「語学の実力も大事、心も大事」。そこで、まず文部省(現文部科学省)に相談し、奉仕団設立の重要さをきちんと理解してくれそうな大学教授を紹介してもらって、その教授たちを通して学生を募集した。パラリンピックという大会が持つ意義を考えれば、ただ言葉が達者なだけでなく、活動の意味をわきまえたうえで自ら志願する者を集めたいと思ったからだ。

また報告書には、既に日赤で翻訳の奉仕をしていた六人の学生を通しても仲間集めをしたと記してある。いずれにしろ、信頼できる者の目にかなった、奉仕の精神を理解している学生で組織を固めたいという基本方針があったのだろう。

「私、大学に入った一九六三年に、こういうのを募集しているから行ってみたらということで、オリンピックの通訳に応募しようとしたんです。そしたら、一年生はダメだと。私、絶対役に立てると思うと抵抗したんですけど、国の決まりですから、と。それで、帰りかけたら、後ろから声をかけられたんです。『あなた、パラリンピックやりませんか。ただですけど』って」

語るのは郷農《ごうのう》(旧姓広瀬)彬子《あきこ》だ。日本女子大学の一年生だったが、子どものころから父に鍛えられて英語力を培っていた。大学では英語サークルに所属していて、どこに出ても役に立てる自信があった。なのに、オリンピックの方は大学一年生は採らないという決まりだったのである。だが、がっかりして帰ろうとしたところで声がかかって、パラリンピックをやることになった。「ただですけど」というのは、報酬の出るオリンピックと違って、こちらは無報酬という意味だ。声をかけた方にもちょっと気がひけるところがあって、わざわざつけ加えたのだろう。

「パラリンピックというのは知りませんでした。そういう方々がスポーツをやるということ自体に知識がなかったんです。ボランティアという言葉も知りませんでした」

子どものころから英語に親しんでいた彼女ですら知らなかった。ボランティアという言葉もその概念も、まったく一般的でなかった時代だったのである。だが、参加希望者は次々と現れた。オリンピックのような華やかさとは無縁で、しかも交通費さえ出ないという条件だったが、それでも多くの学生が集まったのは、「日本初の舞台で世界中からやって来る人たちの役に立つ」という活動の趣旨が、若者の純粋な心に響いたからだろうか。

奉仕団の一員となった吉田(旧姓大戸)紗栄子は、それ以前からパラリンピックに縁があった。高校三年の一年間を、父が赴任していたローマで過ごしたのは一九六〇年。その時、同じくローマ在住だった渡辺華子と出会っていたのだ。

ずっと年上だった渡辺との淡い交流を、少女はすぐに忘れてしまった。が、こんな言葉をかけられたことだけは、なぜか印象深く記憶に残った。

「障害のある人のオリンピックがあるのよ。(ローマ)オリンピックの後にね」

ローマオリンピックは陸上や体操を観戦した。父が、日本から赴いたホッケー代表チームを自宅に招いてもてなすという機会もあった。たまたまオリンピックイヤーにローマに滞在した幸運が生きたのだ。ただ、その後に開かれた国際ストークマンデビル競技大会、のちに国際パラリンピック委員会が第一回パラリンピックと認定した大会はいっさい見なかったし、報道も目にしなかった。日本に帰ってからは渡辺に会う機会もなかった。ローマで聞いた彼女の言葉を思い出したのは三年後、日本女子大学三年の時である。

「私、オリンピックの通訳もやったんです。組織委員会の募集に応募して、学校を休まなきゃいけないから、学部長に書類も出して、(組織委から)委嘱状もいただいて。そんなわけで、まずそっちが決まったんですけど、学校を歩いていたら友だちに呼びとめられて、『今度、障害者のオリンピックがあって、語学奉仕団を組織するから、あなたもやらない?』と言われたんです。その時、華子さんの話を思い出して、ああ、あれだなと思いましたから、『いいわよ』と軽く引き受けたということでしたね」

こうして彼女はオリンピックとパラリンピックの双方で通訳を務めることになった。準備のための研修も両方受けた。オリンピックで配属されたのは駒沢のホッケー会場。が、オリンピックに関しては何も覚えていないという。一方、パラリンピックについては、事前に勉強会や合宿をやったのも、本番でイタリア選手団について忙しく働いたことも記憶にとどめている。国を挙げてのイベントで務めた華やかな任務より、軽く引き受けた無報酬の仕事の方がずっと印象深かったというわけだ。パラリンピックでは、見るもの聞くものがまったく知らなかったことばかり。そのうえ、彼女の場合はそこで一生の仕事に出合うという運びにもなったからであろうか。

友だち同士、知り合い同士の口コミによって、メンバーは着実に増えていった。一九六四年の四月には奉仕団の結成式が、美智子皇太子妃殿下ご臨席のもと、日本赤十字社本社で行われた。

各国から参加される選手は、いずれも身体の不自由な方々でありますので、言葉の上での奉仕とともに、どうぞ終始赤十字のあたたかい行きとどいた心で接してあげてください。［略］皆様の努力が、美しい実を結び、東京パラリンピックが若い工夫と、あたたかい心のゆきわたった大会になりますよう祈っております。*2

式での妃殿下の挨拶である。「あたたかい心で」とは、まさに、奉仕団結成に奔走した橋本祐子が何より大事にしたかったことに違いない。

語学奉仕団には最終的に、女子六十九人、男子五十人の学生と、会社員や主婦ら三十七人、合わせて百五十六人が加わった。橋本はただメンバーを集めただけでなく、みっちりと彼らを訓練した。米軍基地などから講師を招いての語学トレーニング。障害に関するさまざまな研修。夏には四日間にわたる合宿も実施した。勉強だけではない。常に徹底しようとしていたのは、奉仕団結成にあたってまず頭に置いた「語学も大事、心も大事」の考え方である。

「私たち、（語学などの）トレーニングだけでなく、時々、日赤の本社に集まってたんですね。そしたら、橋本先生が『あなた』って私を呼びとめて、『あした空いてたら、肢体不自由児の学校に行って子どもたちの世話をしてあげて』っておっしゃったんです。私、びっくりしちゃって、そんなこともするんですか、みたいな顔をしたんでしょうね」

「そしたら、先生が『ああ、やりたくないのね。じゃあ、やらなくていいから』と。ぴしゃっと顔をひっぱたかれたような感じでした。それで、私がいけなかったと思って『やります！』と言ったんです。それがすべての始まりでした。そういうところへ行って、目を開かれて、奉仕のマインドを知ったんです。奉仕の気持ちをちゃんと持たないと、ボランティアとして役には立たないというのが先生のお考えだったんですね」

郷農彬子の思い出だ。彼女だけではない。多くのメンバーが橋本の叱咤を受けていた。それでも、みなが「ハシ先生」と呼んで慕ったのは、橋本自身の奉仕への情熱が際立っていたからだろう。団員は国立箱根療養所などの施設も訪ねて障害に関する知識や理解を深めた。無報酬のボランティア活動ながら、それだけ入念な準備を重ねたのである。それもまた、多くのメンバーが遠い昔の経験を鮮明に覚えている理由に違いない。

大会本番を迎えると、団員は選手団付、会場担当、案内担当、受付担当などに分かれて活動した。通訳をしていればいいというわけにはいかない。重い障害があるうえに、まったく未知の国を訪れた選手を世話するのである。選手村から競技場や練習場に行き、また選手村に帰って過ごすという一日の行動をあらゆる側面からサポートしたのが語学奉仕団だ。仕事はいくらでも出てきた。たとえば、会場に同行して人手が足りなければ、競技中の選手の車いすを抑える役もやった。活動的な海外選手が競技の合間に街を見たいといえば、外出の手配をし、一緒についていって案内もした。橋本に「奉仕の精神」を叩き込まれてきたメンバーは、不平も言わず休みなしで目まぐるしく仕事をこなした。

指示を受けて行動するばかりではなかった。自分で考え、工夫していくことも求められた。選手村のインターナショナルクラブを担当した郷農彬子が思いついて企画したのは音楽の演奏である。

「なんか寂しいから、これじゃいけないと思って、いろいろな大学のオーケストラやグリークラブ、軽音楽部なんかを呼んだんです。自分の学校の学園祭に来てもらったところとか、伝手をたどってね。それを毎晩、アトラクションとしてやりました」

すると、喜んだ海外選手がステージに上がって演奏に加わるというシーンも生まれた。ふと思いついたアイディアによって、選手村の夜は大いに盛り上がることとなった。

選手村を妃殿下が訪問するとなって、海外の女性選手から「お目にかかるにはきちんと髪を整えたい」と要望が出た時は、車いすで入れる美容院を探すのに苦労した。美容院など行ったこともない男子学生も加わって、あちこちをあたったという。ようやく、車いすでも大丈夫なところを探し出して要望にこたえた。若い学生としては、毎日のように社会勉強をさせられている気分だったに違いない。

多くの若者に慕われ、信頼されていた橋本祐子。吹浦忠正《ふきうらただまさ》も「門下生」の一人だった。早稲田大学二年生の若さながら、該博な知識を買われて、東京オリンピックの組織委員会で国旗担当の大役を務めたことで知られる人物である。

「橋本先生から電話があって、『こっちは大変なんだから、とにかく来て。もうオリンピックは終わったんでしょ』って。それで、（パラリンピックでも）国旗の担当はもちろんですが、厚生省や障害者団体、大使館なんかとの連絡もやりました。橋本先生の秘書みたいなものでしたね」

オリンピックでは組織委の専門職員として仕事をしたが、パラリンピックは正式に任命を受けたわけではない。「ハシ先生の頼みなら」と駆けつけて働いたのだ。「橋本門下生」の結束は固かった。この例に表れているごとく、オリンピックのような確固たる組織はなくとも、人と人とのつながりで仕事を進めていったのがパラリンピックだったとも言えようか。

インターナショナルクラブの風景。
選手たち自身も演奏を楽しんでいる。

語学奉仕団での経験は、メンバーの若者に新鮮な衝撃を与えた。障害のある人々に抱いていたイメージが百八十度変わったというのは郷農彬子だ。

「とにかく『すごい』と思いました。それまでは、ディスエイブルドという言葉の通り、何もできないというようなイメージがあったんですけど、努力すればここまでできるようになるということに、ものすごい衝撃を受けました。彼らがこれだけできるなら、健常者はもっとできなくちゃいけない。私たちは、この障害のある人たちをお手本にして、もっともっと努力しなきゃいけないと強く感じましたね。橋本先生の教えも、そういうことだったんじゃないでしょうか」

パラリンピック体験は、障害に対する意識を変えただけではなかった。さらに一歩進んで、若者たちのその後の進路を指し示しもした。

関係者の誰もが挙げるのは丸山一郎のことだ。語学奉仕団に参加したのは大学三年の時。慶應義塾大学の工学部で学んでいたが、パラリンピックの経験によって、工学部とはまったく方向違いの障害者福祉に携わることを決意した。大学卒業後は、中村裕が障害者の自立を目指して創設した「太陽の家」や、東京の福祉工場で働き、厚生省の身体障害者福祉専門官を務めた後、全国社会福祉協議会や日本障害者リハビリテーション協会などで要職を歴任した。「保険医療福祉に関する教育・研究の中核となる」を建学の目的に掲げた埼玉県立大学の創設にもかかわり、教授も務めた。六十五歳で惜しまれつつ没したが、障害者福祉にすべてをそそいだ情熱は、まさしく東京パラリンピックによって育まれたのである。

大学で建築を学んでいた吉田紗栄子の場合は、パラリンピックの開幕直前に選手村で見た光景からすべてが始まった。選手が使う施設には、それぞれ車いすのためのスロープを仮設しなければならない。工事期間はたった二日。昼夜兼行で行われていた突貫工事を目の当たりにして、「障害のある人たちには、そのための建築、そのための住宅がなければならない」と気づいたのだ。

建築の道で進むべき方向を見定めたのはこの時だった。卒業論文は「車椅子使用者のための住宅」。以来、障害者、高齢者用の住宅の設計を専門に手がけて、その分野の第一人者となった。バリアフリーという言葉が一般的に使われるようになる前から、草分けとして新たな風を建築の世界に吹き込んできた。パラリンピック体験が、ここでも一人の若者の将来を開いたのである。

「一番印象に残っているのは、やはり、夜っぴて工事をやっていたのを見たことです。あれが原点ですね。パラリンピックの経験がなかったら、あの卒論も書いていなかっただろうし、まったく違う人生になっていたでしょう。まさしく、あれが出発点でした」

吉田とパラリンピックの縁は深い。翌年は日本選手とともにストークマンデビル大会に行ったし、一九七二年、一九七六年の大会にもボランティアとして参加した。親戚がイギリス人と結婚した時には、その相手がストークマンデビル病院に入院したことがあり、結婚式で東京大会に出場したイギリス選手と出会うという偶然にも出くわした。吉田紗栄子の人生には、パラリンピックという太い縦糸が一本、くっきりと通っているようだ。

カツドウヤ気質が残した映画

選手でも役員でも運営スタッフでもボランティアでもない立場から、大会をじっくりと見つめていた一団がいたのはあまり知られていないかもしれない。若き映画人たちである。

市川崑監督による東京オリンピックの記録映画は広く知られている。実はパラリンピックでも「東京パラリンピック 愛と栄光の祭典」という映画が制作され、一般公開も行われていた。つくったのは、大手映画会社のひとつだった「大映」のカメラマンたちだ。

制作者名は「〈日芸綜合プロ〉上原明」となっている。当時、上原明は大映の若手カメラマン。日芸綜合プロは、彼が中心になって大映の仲間とつくったプロダクションだ。いきさつを語るのは、上原の後輩カメラマンで、パラリンピックの映画制作にも加わった横手丘二《きゅうじ》である。

「僕らは大映の社員だったけど、なんか違うことをやろうよというので、上原さんが自分でプロダクションをつくった。(会社は)黙認でね。赤坂に事務所を構えて、そこに集まってなんだかんだやっていたんですよ。いい仲間がいて、いろんな発想があって、それでパラリンピックも撮ってみたいとなったんです」

横手は当時二十四歳。五つ先輩というから、上原もまだ二十代だった。その若さでパラリンピックの映画を発想し、資金集めをしたうえで、仲間と一本の作品をつくり上げたというわけだ。上原の父は九州の実業家で、大映社長の永田雅一《まさいち》と親しく、大映の役員に名を連ねたこともあったという。その力も借りたのかもしれないが、それにしても、社員である若手カメラマンたちが、会社の仕事ではなく、独自に一本の映画を撮ってしまったという話には驚くほかない。映画の世界が、おおらかで自由なエネルギーに満ちあふれていたころだったからこそ、そんなことが可能だったのだろう。

それにしても、上原はなぜパラリンピックを題材に選んだのだろうか。

「いまもそうかもしれないけど、当時は障害者のことをよく知っているという人はほとんどいなかったんじゃないですか。でも、それを撮ってみようと思ったんですね。そういう発想はすごかったと思います」

映画産業に陰りが見えてきたころ。若手映画人も将来に漠とした不安を感じていた。パラリンピックの映画は、そんな中で、あえて一般的に知られていないところに可能性を見出してみようという発想から生まれたのかもしれない。

上原明はプロデューサーに徹し、監督は渡辺公夫《きみお》が務めた。当時の大映を代表する名カメラマンの一人だ。撮影は渡辺と横手が主に担当した。カメラなどの機材は、これも黙認で会社のものを使ったが、会社の仕事が優先なのは言うまでもない。

「ひまな時、空いてる時に撮りにいく。かなり前からやってました。素材がなきゃどうしようもないから、けっこういろいろと撮りました」

もちろん報酬や手当はなし。上原が一杯飲ませてくれるだけ。「いつもとは違うテーマをやってみたい」「カネにならなくても、やりたいことをやった方が面白い」という、一般のサラリーマンとはちょっと違うカツドウヤ気質が制作のエネルギーを生んでいたというわけだ。

事前の練習から開会式や本番の競技、選手村での生活の様子まで、映像はパラリンピックのあれこれを幅広く切り取っている。開会式で旗手を務めた小笠原文代が、ふだんは離れて暮らしている二人の娘と会うシーンも入っている。親子の姿には、撮られているという緊張や構えは見られない。この撮影を担当した名手・渡辺の自然なカメラワークが光っているところだ。

「最初は、障害のある人を撮るというのは本人に対して失礼じゃないかとも思った。こっちは何もわからないからね。でも、(渡辺は)堂々と撮ったし、向こうも嫌な顔なんかしませんでした」

「最初のうちは、こういう題材で面白いのかと思った。撮り始めてからも、なんだこれ、あんまり面白くない、と。でも、やっているうちに、これは素晴らしいなと思うようになりました。やっぱりドラマがあるんだね。渡辺さんはたいしたもんだと思いましたよ」

そう語る横手は、もっぱら競技関係の撮影を担当した。「まさかあそこまでやれるとは」と、レンズを通して見る奮闘に思わず感嘆するばかりだったという。障害者スポーツを見るのはもちろん初めて。大会前は、重度の障害のある車いす選手が、そこまで真剣かつ本格的に競技に取り組んでいるとは想像もしなかったのだ。

「競技をやってる時は全然違うよね。やってる時は目が違う。目が輝いていましたよ。障害があるのに、あれだけやるというのはすごい。撮っていて、よくぞここまでと思いました。やっぱり、自分の目標がそれぞれにあったから、あそこまで頑張れたんでしょうね」

ふだん手がけていた作品とはまったく肌合いの違う仕事だった。最初は違和感があった。「こういうものでいいのか」と思ったのは横手だけではなかろう。だが、しだいに引き込まれていった。ふだん接することのない世界には、自らの限界に果敢に挑もうとする鮮烈なドラマがあったのである。

「最初は、え、これを？　というのがあった。まさか、パラリンピックなんてのを撮るなんて、夢にも思わなかったし。でも、終わった時には、これを撮ってよかったと思いました」

もちろんこれは、日本で初めて障害者スポーツを取り上げた映画だったに違いない。若いカメラマンたちの奮闘により、白黒の六十三分作品はこうして出来上がった。ナレーションを宇野重吉がやり、音楽は團伊玖磨《だんいくま》が担当するという豪華な布陣は、渡辺や上原の人脈によるものだろう。作品は翌六五年、大映の配給によって劇場公開された。

その後、映画の斜陽によって大映は倒産。この作品は倉庫に眠ったままになっていた。大映作品を引き継いだ「ＫＡＤＯＫＡＷＡ」が映像をデジタル化でよみがえらせ、上智大学で上映会が開かれたのは二〇一九年七月のことだ。

冒頭は、直前に開かれた東京オリンピックの映像。国民こぞって熱狂した世紀の祭典が終わった様子を映し出したところで、「東京パラリンピック 愛と栄光の祭典 １９６４」のタイトル。「ここに、ひっそりと忘れられている、もうひとつの五輪がある」のナレーションが流れて、映画は本題へと入っていく。

練習風景。選手たちの淡々とした語り。募金箱。母校での壮行会。海外勢の到着。母娘の対面。開会式。競技の模様。見守る観客。選手村での楽しげな交流――。作品は短いカットで次々とパラリンピックのさまざまな側面を切りとっていく。市川崑の作品が単なる記録映画ではなかったのと同じく、こちらも競技や大会の記録にとどまってはいない。渡辺公夫とスタッフたちもまた、パラリンピックというイベントではなく、そこに登場する人間を撮りたいと思ったのだろう。映像は、昭和の半ばという時代を生きた障害者の姿と、彼らが心に秘めた思いとを、淡々と、だがくっきりと描き出している。最後に流れるのは、「心に刻まれた灯《ともしび》は、けっして消え去ることはないだろう」のナレーションだ。

パラリンピックの映画を思い立ち、プロデューサーとして画期的な作品制作を実現した上原明も、監督を務めた渡辺公夫も既に没している。制作に加わったスタッフでは、横手丘二ただ一人が、半世紀ぶりに上映された映画を会場で見た。

横手はテレビドラマの撮影で幅広く活躍し、七十代半ば過ぎまで現役で撮り続けて一線を退いたところだった。自らのかかわった作品をあらためて見た感想はこうだ。

「いい映画ですね。やっぱりこれはいい映画でしたよ」

二〇二〇年一月、この作品は東京で復活上映された。二度目の東京パラリンピックを前にして、原点の大会に再び光が当たったのである。

＊1 『文藝春秋』二〇一三年二月号
＊2 『パラリンピック東京大会報告書』（国際身体障害者スポーツ大会運営委員会、一九六五年）

第8章 新たな日々

まだ戦後の空気を残す一九六〇年代に、自国開催のパラリンピックに出場するという稀有な体験をした日本選手たち。大会を終えた彼らが何より強く思っていたのはこのことに違いない。

「自分たちも外国選手のようになりたい」

「仕事について、自立して生きていきたい」

大会出場者に限ったことではない。その当時、日本で車いす生活を送っていた障害者がパラリンピックの場に立ったとすれば、誰もが同じ思いを抱いたろう。日本で初めて開かれた障害者スポーツの国際大会は、彼我の差を残酷なまでの明快さで選手たちの目の前に突きつけてみせたのである。

外国選手の明るさ

「みんな、ニコニコ、ニコニコしてるんです、外国の選手はね。日本の選手にはニコニコする余裕なんかない。びっくりすることばかりですから。で、選手村では、夜になるとクラブみたいなところが開いていて、生バンドが入ったりしている。そうすると、外国の選手はみんなワイワイ騒いで、時には踊って、時には抱き合ってキスしたりしている。日本の選手は、かたわらに固まって、あきれた顔して見ているだけなんです。なんでこれだけ違うんだろうと思わないわけにはいきませんでした」

「選手村の広いメイン道路を、手をつなぎながら、横に広がって歩いていくんです、車いすの外国選手たちがね。みんな国が違うのに、手をつないで、肩を組んで、夜中の十二時過ぎに、大きな声で歌を歌いながら歩いていくんですよ。酔ってるわけじゃない。ただ楽しんでる。なんて言えばいいのか、そう、人生を謳歌《おうか》してるんです」

「そんなの、日本人では絶対にないだろうなと思いました。当時は、自分の人生が見えないのが日本の障害者でした。なのに、彼らは人生を謳歌している。なんだこれは、と思いました」

近藤秀夫の回想である。何ごとにも前向きで、人一倍自立心の強かった近藤からしても、海外の選手の姿には驚かされてばかりだった。

「あの連中、明るかったですね。元気だなと思いました。もちろん、どこの国にしたって、元気な連中が来とるんでしょうけど、こいつら、ほんとに元気がいいなと思いました」

そう振り返るのは桑名春雄だ。ドイツで暮らした経験を持ち、欧州の人々の気質も知っていた桑名だが、国際大会の中で、日本選手団の一員として接してみると、あらためて海外勢の溌剌《はつらつ》とした振る舞いが目についたのである。

選手だけではない。傍から見守っていたボランティアスタッフにもその状況は見えていた。語学奉仕団で選手村のインターナショナルクラブを担当していた郷農《ごうのう》彬子が語る。

「外国の選手たちは、ギターなんか持ってインターナショナルクラブに来るんです。わざわざ国から持ってきたわけでしょ。で、それを弾いて、みんなが歌うんです。誰でも知っているような曲を、みんなで手をたたきながら。それは印象的でしたね。目を見張りました。かっこよくて、堂々としていて。みんな人生を楽しんでました」

彼女は、海外選手の車いすの扱いにも驚いたという。彼らは自在に、スマートに車いすを操りながら動いてみせた。

「私たちから見ても、かっこいいんです。すーっと行って、くるっと回ってみせたり。それがまた素早い。かっこよかったですよ」

車いすは障害の象徴でもある。それを使っているだけで「気の毒な人」「何もできない人」と受け取ってしまうのが当時の日本社会だった。ところが、外国の選手はといえば、その車いすを自在に操って、健常の者にも「なんてかっこいいんだ」と思わせたのだ。それは奉仕団の若者にとって、「障害者」のイメージを百八十度変えるほどの衝撃だった。

一方、日本の選手は選手村でどう過ごしていたのか。

「インターナショナルクラブには、日本の選手はあまり来なかったですね。ほとんど見ませんでした。外国の方ばかりが集まっていたんです。私は、皆さんの交流に役立ちたいと思っていたんですけど、日本の方は来ませんから、通訳する機会もありませんでした」

競技を終えて選手村に帰れば、みんなで楽しく過ごす。タクシーを呼んで街中に遊びに出かける。都心でショッピングも楽しむ。それが外国選手のスタイルだった。が、日本選手は選手村に帰ると、あまり共有スペースにも顔を出さず、割り当てられた部屋から出ようとしなかった。郷農が言うように、海外勢との交流もあまりなかったようだ。須崎勝巳が振り返る。

「私たち、外国の選手とはあんまり接触しなかったですよ。会えば、おはようとか挨拶をするだけで、話をしたりすることはなかったですね。自分のことだけで精いっぱいだったんです」

須崎も外国選手のようになりたかったという。明るく朗らかに振る舞い、交流もしたかったのだ。が、そうできにくい事情が日本選手にはあった。

「私たち、けがしたらいけんとか、褥瘡つくったらいけんとか、そういうことが気になっていました。自分の体のことがね。外国選手はわりと慣れているようでしたけど、私たちは、よそに行って泊まったりすることがなかったでしょ。自分の体力のなさなんかも感じていたんです」

選手団長を務めていた中村裕は、そのあたりの事情を十分に承知していた。医学誌のインタビューで、彼はこう指摘している。

〔病院などにいた日本の選手は〕パジャマを脱いでスポーツ・ウェアを着てやったわけですから、競技もろくろくできないんです。行進するところなんかは、見かけはいいんですがね、夜は代々木の選手村でみんな看護婦や付添いが付いているんです。つまり自立できていないわけです。〔略〕ぜんぶ付添いにやってもらっている。ところが外国からきた人は、みんな就職しているような人ばかりですから、小便でも、無菌のキットを持っておって、ぜんぶ自己導尿をやるし、じつに見事なものでした。付添いもいなくて一人できたという人がほとんどです。うらやましかったですね。*1

大会に参加し、競技に出る以前の、もっと根本的なところに大きな違いがあったというわけだ。外国選手は身の回りのことをすべて自分でできた。そうできるだけの環境も自国にはあった。一方の日本選手はまだ、付き添いの手を借りなければ暮らしていけない状況にあったのである。

脊損者には必需品の収尿器も、日本では満足なものがなかった。大会直前に、私はアメリカから緊急輸入して、どうにか間に合わせたが、日本選手には使いなれないものだった。また、欧米選手のほとんどは国や保険から車を支給されていたから、オーナードライバーだった。ところが、日本は身障者が車を運転できない国だった。収尿器がなく、車がなければ、とくに脊損者はおしめをあてて家に閉じこもるよりしかたない。そういう生活を長く続けてきたものが、いきなりスポーツ大会に出て、まともに競技ができるわけがない。*2

中村の著書の記述である。たとえ運転免許を取れたとしても、実際に重度障害者が車を手に入れて自由に動き回るのは不可能に近い。それは問題の核心をずばりと突いていた。収尿器に関する指摘はことに象徴的だ。

収尿器は、脊髄損傷などで排尿障害になった時に使う用具。尿意を感じることができなかったり、尿失禁があったりしても、これを装着していれば安心して行動できる。中村が言うように、脊髄損傷患者にはなくてはならないものなのだ。ところが、それさえも満足なものがなかったのが当時の日本の状況だったのである。

中村はパラリンピックに参加した外国選手の全員にアンケートを出し、脊髄損傷となった原因や受けた手術の内容、日常の動作や車いす、就職状況など多岐にわたる項目について調査を行った。回答したのは百九十三人。この調査によると、収尿器はほぼ全員がつけており、国からの支給があった。また、車については六二パーセントにあたる百二十一人が持っていて、国または保険によって給付されている者も四十四人いた。この数字からも、欧米各国と日本との差がいかに大きかったかがよくわかる。

明るく、陽気で前向きな外国の選手。引っ込み思案で消極的で、元気のない日本選手。東京パラリンピックの舞台では、この対照的な姿が至るところで目立っていた。誰の目にもそれは明らかだった。ただ、日本選手も、そうしたくて消極的に振る舞っていたわけではない。みな外国選手のようになりたかったのだ。明るく朗らかに、前向きに過ごしたかったのだ。なのに、そうしたくてもできない事情が彼らの前に立ちふさがっていたのである。
中村は、専門誌に寄稿したレポート「国際身体障害者スポーツ大会を終りて」で、外国選手に関する調査の結果を示している。詳細な報告の締めくくりはこうだ。

大会終了後、病院や施設に帰らざるを得ない選手諸君も、元気で底抜けに明るい外国選手と肌を通じて接触しいろいろなことを感じとつてくれたことと信ずるが、別れ際に全員が外国選手の社会復帰ぶりはよく分つた、自分たちも帰院したらなんとか努力してやつてみたい、施設をとび出すことは、今の日本の現状では冒険があるがそれでもやる決心をしたと述べていたが、彼らの本大会を通じて得た貴重な体験を無駄にしないような施策を早急に考えていただきたい。*3

日本にグットマン流のリハビリを持ち込み、障害者スポーツの魁ともなって、東京パラリンピックの開催を実現させる原動力となった中村裕。そうした立場にいたからこそ、パラリンピックを通してくっきりと浮き彫りになった課題を、誰よりも厳しく見据えていた。「貴重な体験を無駄にしないように」の言葉には、これをひとつの突破口にしたい、いや、しなければならないのだという、祈るような思いがにじんでいる。
こちらの文もきわめて印象的だ。選手宣誓をした青野繁夫が、大会報告書の中で思いのたけを切々と述べているのである。

外国の選手のあの明るさは何処《どこ》から来ているのか疑問に思ったのは私一人ではあるまい。勿論国民性もあろう。が、しかし国家の福祉制度の充実から、生活の安定があっての事には、間違いあるまい。日本の現状は所謂《いわゆる》先進国との差が有りすぎる様な気がしてならない。私達が身体だけ社会生活に堪え得る元気さを回復したとしても、現状はどんな受入れ方をしてくれるであろうか。なる程法律では、身障者雇用促進法が立派に成立している。であるが、これは全く軽度の身障者のものである。いやそれすら法の完全運用には程遠い状態ではないだろうか。

未だ戦後の日本が敗戦によって、身障者の其処《そこ》まで手が回らないと云うなら、被害度の同様なドイツにしろ、イタリアにしても、立派に彼の国の身障者の生活は、生活を享受していると言えるものとして、不思議でならないのである。

私達パラリンピック出場者のブレザーを揃え得ないのも、又小さい事であるが、私達の事を政府が認識しているとは、毫《ごう》も言えないと私は思うのである。私達と雖《いえど》も生活を楽しむ権利があるはずである。私は日本の政治者に対して、より一層の理解と、温かさを、私達の立場から強く要求したく思うし、又当然私達が先頭に起って、要求しなければ解ってもらえないし、又改善されないではないかと、つくづく考えた次第である。

ここで訴えるしかない。パラリンピックで宣誓の大役を果たした者として、自分が先頭に立つしかない。そんな必死の思いが、打ち寄せる波のように、吹き寄せる風のごとくに伝わってくる文である。おそらくは青野も、外国選手のようになれたらと思っていたろう。だが、目の前にはそうできない状況が厳然として存在し、外国選手の明るさはそのことをいっそう際立たせてみせるばかりだった。現状を少しでも変えるために、ここで一陣の風を吹き起こしてみせよう。そんな思いで青野はこの文を書き記したに違いない。

職業人としての自立

海外勢の溌剌とした姿が、日本の遅れを浮き彫りにした東京パラリンピック。だが、選手たちはそこに希望の光も見た。

「外国選手のように、自分たちも職業を持って自活したい。そうすれば、これからの人生も変わってくるはずだ」

彼らは本気でそう考えるようになったのである。それまでは、たとえ仕事をしたいと思っても、職業人としての自立した生活を願ったとしても、しょせんは叶わぬ夢物語でしかなかった。が、目の前で明るく元気な姿を見せられれば、「もしかしたら」の思いも浮かんでくる。夢に挑んでみようかという勇気もわいてくる。外国選手も日本選手も、同じ車いす使用者には違いないのだ。

須崎勝巳は、競技をしていても、選手村で過ごしている時も、この思いが頭を離れなかったという。

「これからどうしようか。仕事がしたいなあ。そのことで頭がいっぱいでした。外国の選手はみんな仕事しよるとか、勤めているとか聞くでしょ。みんな社会復帰しとる、と。日本ではそんなこと、いっこも聞かん。（外国選手を見ていると）やっぱり、仕事をしているとああいうふうになれるんかな、と思ってね。仕事、どんなことができるかとか、これからの長い人生をどうしていこうかとか、そんなことばかり考えてました。日本の選手はみんなそうだったと思いますけどね。選手村でもそんな話が多かったと思います」

「あのころ、パラリンピックがあるまでは、役所も、障害者には補助しておきゃいい、隔離しておけばいいという考え方だったでしょ。年金を出しておけばいい、障害者は働くもんじゃない。頭からそんな考えでしたからね。それが、あのへんからいろいろ動き出したんじゃなかろうかと思います」

パラリンピックの日本選手団は五十三人。そのうち、仕事をしていたのはたった五人だった。それも木材業や時計修理、印判業といった自営ばかりで、どこかに勤めている人間は一人もいなかった。ほとんどは病院や施設で暮らし、退院・退所して自立するあてもないまま、毎日をやり過ごしていた。

一方の外国選手はどうだったか。中村の調査によると、アンケートに答えた百九十三人のうち、有給で職についていると回答したのは、およそ六一パーセントの百十七人だった。イタリア選手の回答に無職が多かったのは、戦傷軍人や労災患者にかなりの年金支給があるためで、それを除外すると就職率はさらに上がる。「アメリカの一部やフランスの戦傷軍人を除外すれば、残りの国はすべて90％以上の高率の就職率を示している」[*4]という指摘もある。

英国のケースによくみられたが国家から貰う年金が多少へつたり、なくなつても結局就職もし結婚もし社会人として生活した方がよかつたと訴える例が少なくなかつたのは傾聴に値する。パラリンピックを機会に東京に出張し競技の合間にみずからタクシーを呼び車椅子を誰れの手助けも借りずに折りたたんだり組み立てたりして日本の商社に出かけていたケースもかなりみかけた。〔略〕職種も、神父、弁護士、会計士、秘書、事務員、電気技士、熔接工、組立工、セールスマン、記者、支配人、機械工、時計屋、本屋、タイピスト、製図工、等各種の仕事に従事しており、給料も健常人とまつたく差がないとのことである。[*5]

詳細な調査の結果を中村は丹念に記している。淡々と書いてはいるが、その行間からは、欧米の進歩と日本の遅れの双方をあらためてかみしめている様子がうかがえる。この時、彼は既に、障害者の就労を自ら実現しようとする、あの壮大な計画を具体的に考えていたのだろう。

進んだ社会福祉態勢のある欧米諸国。一方の日本は比べものにならないほど遅れている。その事実があらためて目の前に突きつけられたのが東京パラリンピックだった。選手たちにとっては強烈なショックだったはずだ。ただ、それは同時に、かつてない刺激ともなった。パラリンピック出場がなければ、その後も同じような暮らしに甘んじて、そのまま一生を終えたかもしれない。しかし彼らは外国選手の姿を見て気づいた。そして決意した。「自分たちにもできる」「ベッドを出て、外の世界に出ていこう」と真剣に考えるようになったのである。

ほとんど初めて体験する、あるいはまったく見たことも聞いたこともない競技に取り組み、短期間ながら練習を重ねて、ともかくも国際大会に出場を果たした。そのこと自体も大きな自信になったのは言うまでもない。それまではスポーツ大会出場どころか、泊りがけで遠くに出かけるなどとも考えなかったのだ。須崎勝巳も、大会出場によって確かな自信を得ていた。

「練習している時から、自分が元気になってきたというのを感じていましたね。（選手村の生活で）やっぱり、自分のことは自分でせにゃいけんと思うようになりました。看護婦さんも行かれたけど、そうそう頼むわけにもいかん。自分のことは自分で、とやっているうちに、これもできる、あれもできるとなっていきました」

新聞をはじめとするマスメディアがパラリンピックを報じたのも、彼らを力づける追い風となった。もちろん直前の東京オリンピックとは比べようもない。だが、主要紙の縮刷版を繰ってみても、意外なほどにパラリンピック関係の記事は多いのである。障害のある人々がそんなにも世間の注目を集めたことは、かつてなかったはずだ。

大会報告書には、宣誓をした青野繁夫の文と並んで、同じく国立箱根療養所から出場した長谷川雅巳の感想文が掲載されている。卓球に出場した長谷川も、メディアの報道とその影響に注目している。


今日、この時点において身障者の国際大会が開かれた事の意義と、そしてそれが結果的に考えてみて成功した事の意義は非常に大きいものであると思う。

この大会によってマスコミが身障者の空前のPRを為し、その結果一般国民の身障者に対する認識は大会以前とは比較にならぬ程高まった事であろう。事実われわれ選手団に無数の激励の手紙とか、千羽鶴が送られて来たのであった。こういう事が世論を形成する土台となり、我々身障者に対する国の施策として、近き将来に返ってくるものと信ずるものである。

〔障害者を〕とじ込め、他人の目に触れさせなかった従来の考え方がパラリンピックを契機として打破され、それのみならずテレビ等マスメディアを通じて全国民にPRされたのであった。将《まさ》に身障者問題に対する考え方の革命といって過言でないと思う。


大会前後も含めて、当時としては意外なほどの報道がなされたとはいえ、「空前のPR」と言えるほどのものではなかった。パラリンピックという大会が開かれているのをまったく知らなかった都民、国民も少なくなかったように思われる。それでも、当事者の立場からすれば、「考え方の革命」と感じるほどの重みがあった。彼らとしては、「初めて世間が目を向けてくれた」と思えたのではないだろうか。

「マスコミなんかもだいぶ言うようになっていたからね、やるのはいまじゃ、と思いました」と須崎は語る。少し前までは現実の問題として考えることのなかった就職と自立。それが、パラリンピックによってにわかに大きく見え始めたのだ。一歩踏み出すのは、いま。跳ぶのは、いま。大会を終えた選手たちはそう直感したに違いない。パラリンピックは、夢を一気に現実へと変えるための触媒としても働いたのだった。

「見られてもかまわない」

須崎勝巳はパラリンピックの翌年、別府の義肢装具の製作所で職を得た。経営者が国立別府病院に出入りしていた縁で話が決まったのである。「須崎君なら雇いましょう」となったのは、パラリンピックを経験して身についてきた積極性が目に留まったからだろうか。

病院の訓練生の中では、これが一番乗りの就職となった。パラリンピックが終わっていくらも日がたたないうちに、まず先陣を切って仕事を始めることになったのだ。念願の就職。だが期待と不安が相半ばしていた。むしろ、喜びより緊張の方がずっと強かったかもしれない。

「お前はダメじゃ、障害者はダメじゃと言われたらいけんと思ってね。障害者でもこれだけできるんじゃと言ってもらわなきゃいけん。そのことがいつも頭にあったですよ。責任重大じゃなと思ったです」

自分が役に立たなければ、国立別府病院の訓練生を雇ってくれるところがなくなるかもしれない。それどころか、障害者全体の就職に悪い影響を与えるかもしれない。せっかく開いた扉がまた閉まってしまうかもしれない。そんな不安が須崎にはあった。実際、その就職は、車いすの人間がどれだけ働けるものかをはかる物差しのひとつともなったのだろう。「自分一人のことじゃない」の重圧が、彼の両肩にはずっしりとのしかかっていたのである。

社長と二人だけ。町の小さな製作所だ。須崎はコルセットづくりから始めた。最初は見習いだったが、他に人がいないのだから、すぐに一人立ちしなければ仕事が回っていかない。石膏を流して型をとる作業から、仕上げのミシンかけまでをすべて一人でこなした。新人には難しい工程もあったが、障害のある患者が頼りとして使う品であれば、いいかげんな仕事はできない。失敗するわけにはいかない。

須崎は必死に働いた。慣れてくると、脚につける補装具を専門に担当するようになった。誰にも頼れず、一人で頑張っているうちに、難しい技術も自然と身についたという。

その仕事ぶりはどうだったのか。どう評価されたのか。「七十三歳まで仕事を続けた」というのがその答えだ。およそ半世紀、須崎は補装具をつくり続けた。それだけの腕、それだけの技術を身につけて、「障害があってもこれだけできる」のを証明してみせたのである。

働いて自活し、結婚して家庭も持った。そこからの日々が、病院暮らしとは大きく変わったのは言うまでもない。

「働くようになったら、気持ちがガラッと変わりました。それまでは、お前たちは家でじっとしとればいいんじゃと言う人もおりましたけど、働いていれば、何を言われようと、悪いことさえせにゃ、堂々としていられる。収入がある、自分のお金でなんでもできるということは大きかったです。毎日が楽しくなりましたね」

「私、人に見られてもいいと思うようになったです。人前にでもどこにでも出ていっていいなと、自然に思うようになりました。病院を退院してからは、どこでもみんなからじろじろ見られたけど、平気でした。もう国からお金をもらってるんじゃない、自分で働いて遊びに行くんだから、あんたたち、何言えるんかい、と。なんにも気にせずに、街に遊びに出られたです」

以前は、車いすの姿を見られるのが苦痛だった。子どもなどは無遠慮な視線をいつまでも向けてくる。街中に出ていこうなどという気持ちは、到底出てこなかった。だが、就職を境に、他人の視線がまったく気にならなくなったのである。

かつて中村裕が日本で最初の身体障害者体育大会を大分で企画し、開いた時には、「障害者を見せ物にする気か」という猛批判が浴びせられた。が、働いて自活するようになった須崎は「見せ物になったってかまわない」と思ったという。障害があっても立派に仕事ができる。社会に貢献できる。それを広く知らせることができるなら、いくらでも自分の姿を見せてやろうと思ったのである。

「(パラリンピックの仲間は)みんな就職しました。東京に行った人も多かったです。東京から戻った人たちも、またあっちこっちに仕事に行きましたよ。みんな自立しましたね」

三十歳を過ぎてからはスポーツも再開した。地元の仲間で「パシフィック」という車いすバスケットボールのクラブをつくったのだ。週に一回は欠かさず練習し、日本選手権にも出た。クラブはその後も存続して現在に至っている。年配になってからは、卓球の台と球を使う卓球バレーやボッチャ、グラウンドゴルフなどを楽しんできた。パラリンピックでスポーツの味わいを覚えたのが、こうしてのちのちまで生きたというわけだ。

仕事をし、家庭を持ち、スポーツも楽しんできた日々。実り多い、豊かな第二の人生である。「パラリンピックの時はあんまり練習せなんだなあ。いまだったらもっと練習するのに」と須崎は笑ってみせる。

当事者が先頭に立つ福祉

パラリンピックで間近に見た外国選手の、明るく陽気で活動的な姿。近藤秀夫の「その後」は、まずそこをじっくり考えることから始まった。

「パラリンピックで外国選手にまず感じたのは、自信を持っているということでした。当時、日本には自信たっぷりの障害者なんていなかった。なんだろう、何が違うんだろうと思いました。陽気で明るいといっても、スポーツをやるだけでそうなるわけはない。その自信ってなんだろう、どこから来るんだろう、と」

「で、その自信というのは、生活づくりによるものだと思いました。外国選手は明るい、日本選手は暗いといったって、ただ(性格が)明るい暗いの問題じゃない。生活がおろそかになっているのに、スポーツと言ったってダメなんです。生活と環境が整わない限り、スポーツは成り立たない。パラリンピックというのも、安定して生活できているといううえで成り立つものだと思います」

「たとえば、スポーツをやるには、収尿器が必要なことでわかるように、まず、おしっこの問題をきちっとしなきゃいけない。そうしなければスポーツは楽しめない。そういうように、なになにをする前にはまずこれを片づけないと、というのが障害者にはある。それがいつも頭から離れないんです。だから、どうしても一歩、二歩引くのが身に着いちゃって、消極的になってしまうんですよ。スポーツをやるといっても、その下にある大切なものを抜かしてはできないんです」

近藤が行き着いた結論はそれだった。外国選手と日本選手の違いは、民族の気質や性格の問題などではない。「生活づくり」がきちんとできているかどうかがすべてだと近藤は思い至ったのである。就職して自立できる環境にある欧米の選手は、安定した生活を送っているからこそ、明るく朗らかに振る舞える。日本の選手は、明るいかどうかという前に、そもそも安定した生活の基盤を持っていない。それでは自信など生まれるはずもないのだ。

そこで近藤は、生活の基盤を構築するために、持ち前の強靱な精神力と抜群の行動力とをフルに生かして次々と独自の進路を切り開いていった。

パラリンピックの翌年、日本タッパーウェア社に入社したのが第一歩だった。アメリカ人社長、ジャスティン・ダートが一九六三年に設立し、冷蔵庫用密封容器の販売をホームパーティー方式で行った企業として知られている。社長のダートは自らも車いす使用者で、体の不自由な日本の子どもに車いすを贈る活動をしていた。それを一歩進めて、当時はほとんどなかった障害者の雇用にも踏み切ったのである。中村裕が間に立って採用の運びとなり、合わせて十人が入社した。ダートは障害者スポーツを重視しており、この雇用は車いすバスケットボールのチームを結成するためのものでもあった。

「私は小柄だし、腕も短いし、手のひらも小さい。バスケットボールには決定的に向かない人間なんです。だから、タッパーウェアに入った時も、十人のうちの十人目なんですよ。そんな私が何で十人目に選ばれたのか……」

不思議に思った近藤は社長に聞いてみたという。ダートの答えはこうだった。

「チームというのは、みんながみんな、強くてうまければいいというものじゃない。ちょっと違う人間、変わった人間も必要なんだ。君は最初はあまり点を取れないだろうけど、途中からは頑張って点を取るだろう。そんなふうに一生懸命やっている姿を見れば、誰も悪くは言わない。それで君を選んだんだ」

体は小さくとも、体力は抜群で、最後までチームのために走り回る。そんなところを買ってくれたのだろうというのが近藤の見立てだ。せっかく十人も入れるのなら、競技力だけでなく、いわゆる「人間力」のありそうな人材も入れておきたいと、自らも車いすに乗る経営者は思ったのかもしれない。

このチームはもっぱら競技に専念していた。東京・井の頭に設けたバリアフリーの寮で暮らし、申し分ない待遇のもとで朝から猛練習を積んだという。ダートはアメリカからコーチも呼んでいた。なぜ、そこまでやってくれたのか。近藤はダートがこう話していたのを聞いている。

「東京パラリンピック（のバスケットボール）で日本はさんざんに負けたけど、それは日本の障害者が負けたんじゃない。日本の障害者福祉の中にスポーツがきちんと位置づけられていなかったからだ。先進国の中にこんなところはない。自分はここで儲けさせてもらっているんだから、そのお返しとして、できるだけのことをしたいと思ったんだよ」

鍛え上げられたチームは、すぐに抜群の強さを誇るようになった。オリンピックの日本代表チームと車いすでの試合をした時、オリンピック側がまったく歯が立たなかったのは有名なエピソードとなっている。ダートが社長を退いた時にメンバーもそろって退社したため、チームが活動したのは二年だけ。とはいえ、当時としては破天荒ともいえる画期的な試みが、さまざまな面で強烈なインパクトを残したのは間違いない。

近藤はさらに、ものおじせずに何にでも取り組む積極性を生かして、次々と新たな世界に分け入っていく。まず手がけたのは収尿器づくりだ。パラリンピックの時には中村裕が急遽《きゅうきょ》アメリカから取り寄せたことでもわかるように、使いやすい日本製がまだ出回っていないころ。しかし、脊髄損傷者の生活には欠かせないものでもある。

近藤はそこに着目し、氷嚢《ひょうのう》やゴムの管などを利用して実用的な製品を手づくりした。病院の脊髄損傷病棟に持っていくと、飛ぶように売れたという。障害者に喜ばれる品をつくって、それを自分の生活の糧《かて》にもするという一挙両得の仕事。「生活づくりが何より大事」というモットーの面目躍如といったところだ。

それ以降は、精密機器の会社や車いす製造・販売の会社に勤めながら、スポーツの面では、車いすバスケットボールの日本初のクラブチームだった「東京愛好クラブ」のメンバーとして活動した。週末に仕事を終えると車でバスケット指導の旅に出かけ、月曜の始業に間に合うように帰ってくるのがいつものことだった。大きな転機が訪れたのは、三十代が終わりかけたころである。

一九七三年、仙台で開かれた「車いす市民交流集会」で発言しているところが東京都町田市の関係者の目に留まった。これが縁をつなぎ、翌七四年、町田市職員となった。車いす公務員の誕生だ。

障害者福祉に力を入れていた町田市で、近藤は縦横に腕を振るった。福祉事務所に勤務し、「町田市の建築物等に関する福祉環境整備要綱」の策定にも加わった。この要綱は、「車いすで歩けるまちづくり」を目指して、他の自治体に先駆けてつくられたものだ。また、障害者の自立支援に取り組んで成果を挙げるとともに、障害者インターナショナルなどの国際活動にも積極的に参加した。障害のある身だからこその発想と手腕を、行政の場で存分に生かしたのが町田時代だった。

定年になっても立ち止まらなかった。各地の障害者支援センターの活動にかかわり、七十代になってからは妻の郷里である高知県に移り住んで自立生活センターを設立した。先頭に立って道を開いていくエネルギーはまだまだ涸《か》れていない。

近藤はまた、自分たちが障害者としてどう考え、どう行動していくべきかをずっと模索してもきていた。スタートはやはり、あのパラリンピック出場である。

「やっぱり、自分たちで体験しないといけない。人から聞いたもの、人任せでは、絶対に自分たちのものにならない。自分自身で参加することが大切なんだなと、あの時思いました」

それまでも、行政の担当者などから海外の状況を聞いたりはしていた。が、実際にパラリンピックの場に立ってみると、福祉専門家とされる人たちの話などとはまったく違うことが次々と見えてきたという。「打ちのめされるくらい、強い印象を受けた」というのも、自分自身で体験し、海外の選手の様子を目のあたりにしたからこそだった。

「自分で体験するのが何より大事」とわかると、そこからはさらにもうひとつの結論が導き出されてきた。「当事者が自ら動くべき」ということだ。

「福祉というものは、障害者自身が先頭に立ってやらなきゃいけないんだと思うようになりました。人に任せるのではなく、障害者が欲しているものは、障害者自身が取ってこなくちゃいけない。当事者が率先して動かなければダメなんです」

「大学で福祉を学んだから、それで福祉の専門家ができ上がるというわけじゃない。障害者は、人にはわからない苦労を自分の糧としてきている。それは立派な専門性を持っているということなんですよ。当事者こそ専門性を持っているんです。だから、障害者はもっと福祉の先頭に立つべきなんです」

のちに自ら福祉の仕事を手がけるようになったのも、パラリンピック出場を契機として、障害について、福祉について深く考えるうちに、おのずと進むべき道が見えてきたからだろう。町田の公務員時代、彼はまさしく、「障害者こそが先頭に立つべき」の信念をそのまま実践に移していたのである。

それもこれも「すべてはあそこから」だった。「私にとっての社会の窓が開いた」という言葉が示すように、原点はまぎれもなく東京パラリンピックにあった。おそらく、それは近藤だけのことではない。その時、それぞれの選手にそれぞれの「窓」が開いたのだった。

仕事も遊びもスポーツも

東京大会の卓球ダブルスで、猪狩靖典とともに日本唯一の金メダリストとなった渡部藤男は、大会の二年後、二十六歳で就職を果たした。福島の病院で卓球を教えてくれた医師が横浜転勤にあたって、同じ病院で事務の仕事につけるよう取りはからってくれたのだ。

以来、二十三年にわたって勤め、忙しく仕事をこなした。福島から思い切って遠い横浜まで出てきたのが自信となり、行動範囲もぐんと広がったという。渡部の場合も、パラリンピックが新生活への入り口となっていた。

パラリンピックのことが記憶に残らなかったのは先に触れた通りだ。知らぬ土地にやって来て、一人暮らしをしながら仕事を続けるのは、車いすの身にとってたやすくはなかった。たとえ金メダルを獲得したにせよ、他から開催を知らされてたまたま出ただけの大会の思い出などは、けっして楽ではなかったに違いない日々の暮らしの中であっさりと消えてしまったのだろう。

ただ、勤めをやめた後は、障害者スポーツ団体の事務局を引き受け、横浜にある障害者スポーツ施設で活動していた。自分でもボウリングやアームレスリングをやったという。パラリンピック以降、スポーツとの縁はすっかり切れていた。それが何十年かの時をへてよみがえったのは、すっかり忘れたはずのあの経験が、体のどこかにひっそりとしみついていたからだろうか。


他の選手たちとちょっと違う生き方を選んだのは、ドイツから帰ってパラリンピックに出た桑名春雄だ。大会後は郷里に帰り、結婚して、妻と一緒に小さな雑貨店を開いた。が、しばらくしていささかの蓄えができ、年金なども加えて暮らしが立つようになると、すっぱりと店はやめてしまった。

「いつまで生きられるかもわからんし、もうこれからは楽しもうと思ったです。あんまり無理して、体を壊してもいかん。くよくよしないで、楽しく遊ぼう、と。それで、日本国中、旅行して回ったです」

軽自動車を買って改造してもらい、自分で運転できるようにした。ドイツにいる時に、障害のある夫婦が手だけで操作できる改造車に乗っているのを見ていたので、こうすれば車いすの身でも運転できるというのがわかっていたのである。その時点ではほとんど前例がなかったというが、陸運局の許可も取れて準備は整った。

この車を駆って、桑名は妻とともに全国に出かけた。息子ができてからは、三人での家族旅行。はるばる北海道まで足を延ばし、東北一周や九州一周も試みた。家を出てから帰るまでに一カ月近くをかけた長旅もあったという。

「若いもんですからね、車いすを車に積んで、どこにでも行ったです。きょうはここに泊まるけど、あしたはどこに泊まるかわからんというような旅でした。なあに、ダメなら途中で帰ればいいといって、行きよりましたです。そんな無茶なことをとも言われたけど、元気よかったですから」

車いすでそんな旅をしている者はほかにいなかったという。だが、ためらわずにどこへでも出かけた。旅行だけでなく、五十代からは車いすテニスに熱中し、地元の大会で優勝を飾るほどの腕前にもなった。「(障害があるから)弱々しいとか思われたら癪《しゃく》やから、とにかく元気よく動こうと思った」。ドイツでけがをした時もすぐに気を取り直した前向きの姿勢と思い切りのよさ。それが「とことん楽しむ」生き方を選ばせたのである。

日本の障害者スポーツに最初の一ページを開いた東京パラリンピック。この大会開催は、障害者を取り巻く状況そのものにも、それまでにはなかった新たなページを開くきっかけをつくった。日本初のパラリンピアンたちは、真っ白なページにそれぞれの思いのたけを描きつつ、あの時から始まった第二の人生を歩んだのだった。

*1 『整形・災害外科』二四巻三号（金原出版、一九八一年三月）
*2 中村裕『太陽の仲間たちよ』（講談社、一九七五年）
*3・4・5 『整形外科』一六巻五号（南江堂、一九六五年四月）

第9章 さらなる前進

東京パラリンピック開催を成功に導いた中村裕は、すぐさま次の目標へと向かった。パラリンピックを開いたことによって、その先に連なる次の課題がはっきり見えてきたからだ。ひとつは障害者の就労。もうひとつは障害者スポーツの発展。中村は、彼ならではの壮大な計画を次々に打ち出し、実行に移していく。

「太陽の家」設立

まず取り組んだのは、障害者が仕事をする場を自らつくってしまおうという試みだった。パラリンピックは、出場選手をはじめとする障害者たちの「仕事をして、自立する」意欲をかき立てたが、だからといって、就職の機会が一気に増えたわけではない。パラリンピック選手はそろって職についたものの、大半の人々に関しては、道は閉ざされたままだった。

現在の日本には満足な施設もない。だから、まず施設をつくれという声が高い。だが、単に身障者を保護するだけの施設には大きな疑問がある。だいたい数十万から百万を超える身障者の全部を収容するほどの施設をつくるわけにもいかないのだから、自活するための施設が必要なのだ。*1

著書の記述にあるように、中村は「障害者は保護すればいい」という考え方に疑問を持っていた。保護に意味がないわけではない。が、それだけでは問題を根本から解決するには至らないと彼は考えていた。中村はこうも書いている。

もちろん、保護しなければならない障害者が多数いることは事実だが、自立能力をもっているものも多い。保護第一の考え方は、障害者自身の自立意志をスポイルし、活動を慈善的行為にとどめることになりやすい。*2

手厚い保護が不可欠な人々も多いが、その一方では自活が可能な障害者も少なくないのだと中村は見抜いていた。彼らの可能性をつぶしてしまってはならない。では、どうすべきか。一般の企業による雇用が進まないのなら、自分で動くしかない。障害者が働くための工場を自分たちで新たにつくり上げるしかない。

グットマンとの出会い以来、障害者を取り巻く状況を少しでも変えていこうと情熱を燃やして走り続けてきた。障害児施設「別府整肢園」の園長も兼ねて、先天性障害のある子どものためにも力を尽くしてきた。ただ、そうした中でも、ものごとがなかなか前に進んでいかないもどかしさは常に感じていたようだ。そこで中村は、根本的なところから事態を打開する一手に打って出ようと決意したのである。

一九六三年には、障害のある娘を持っていた作家の水上勉が、総合誌に「拝啓　池田総理大臣殿」を書き、障害児対策の遅れを厳しく指摘して注目を集めていた。六五年、その二女が別府整肢園に入園した縁から、水上は中村と親交を結ぶことになった。一方、同じ年には小児マヒなどによって歩けなくなった子どものために募金を行う「あゆみの箱」の活動も始まっている。そんな中で開かれたのが東京パラリンピックだ。障害者問題を考える気運は高まっていたのである。

「やるならいまだ」と、中村は計画実現へと踏み出した。水上勉が強力なパートナーとなった。

最初は、アメリカのグッドウィル・インダストリーズがやっていた方式を考えた。一般から廃品の提供を募り、それを再生して販売するのである。人々の善意を基盤とする「善意工場」計画だ。

これはまったくの失敗に終わった。豊かなアメリカだからこそ、再生可能な品も集まる。そこまで豊かになっていない日本で集まったのは、文字通りの廃品、ガラクタだった。「廃品再生という ような消極策ではいけない。堂々と品物を生産する態勢をとらなければ、障害者の自立にはつながらない」。そう悟った中村は計画を見直し、工場創設へ再スタートを切った。

最初は小さくていい。しっかりと新品を生産する工場をつくる。転換した方針のもとで誕生したのが「太陽の家」だ。開所は、東京パラリンピック開催から一年もたっていない一九六五年十月五日。重度障害者の自立のための工場を創設するという初の画期的な事業は、ここで第一歩をしるした。

場所は国立別府病院のすぐ横。企業の療養所として使われていた建物を買い取った。中村が借金をし、水上勉の協力も得て手付金をつくったという。目指したのは、保護施設でも授産施設でもない、障害者が真の労働者として能力を発揮するための場。まったくのゼロからかつてない施設をつくってしまおうという試みには反対も多かったようだ。『中村裕伝』には、「中村は敢えて、それらの反対に抗《あらが》い、それらの声に耳をふさいできた。しかし、不安や心配が全くなかったのではない。［略］それらを自らふり切って、施設づくりに突き進んだのである」と書かれている。「やるならいまだ」の思いが持ち前の行動力、実行力をいっそうパワーアップさせたのだろう。

「太陽の家」開所の前夜、元療養所はまだ改装工事の最中だったと『中村裕伝』にはある。そのころ、中村は持病の肝炎で入退院を繰り返していた。それでも開所に向けて奔走し、ついに倒れて「気がつくとベッドの上」だった。絶対安静の診断。だが、「おれだって医者だ。自分の体のことはわかる」と突っぱねて出歩き、また東京出張で倒れた。体調面でも、スケジュールや資金の面でも無理に無理を重ねて、ようやく開所に漕ぎつけたのである。

開所式には県知事や県議会議長、別府市長も出席し、水上勉も挨拶をした。入所者代表として

「一日も早く社会復帰できるよう、一生懸命努力します」と宣誓したのは須崎勝巳である。彼は勤め先の義肢装具製作所の経営者とともに「太陽の家」に入所し、開所に先駆けて仕事を始めていた。二人は、また独立して仕事をするようになるまで、五年ほどここで働くことになる。

その義肢装具部をはじめ、竹細工の竹工部、車いすの製作や金属加工をする金工部、木工部、洋裁部という五つの部が設けられ、労働にあたる入所者は十五人という態勢で「太陽の家」は発足した。働き手は脊髄損傷、上肢《じょうし》切断、脳性マヒなどの障害のある者たち。開所式が終わり、さっそく仕事にかかった様子が、『中村裕伝』に書かれている。

脳性まひの青年は、お絞りおきの竹細工をはじめ、右手首切断の女性はミシンを踏み、車イスの青年は義肢部で治療用コルセットをつくり、右上腕切断者は足の指にノミをはさみ、左手でカンナをかけた。

「太陽の家」の名は水上勉の発案だった。マークは専門家に依頼してつくった。さんさんと輝く太陽、その中に麦の穂。「太陽を浴びて、踏まれても伸び続ける麦」をイメージしたものである。玄関を入ったところの壁に、中村は自らのモットーを書いた額を掲げた。そこにはこう書かれていた。

世に身心障害者(児)はあっても、仕事に障害はあり得ない。太陽の家に働くものは被護者ではなく労働者であり、後援者は投資者である。
入り口のマークの下には、板に書きつけられた説明文が掲示されていた。

　麦にはきびしさがあります　麦は踏まれても踏まれても、ぐんぐん成長します　太陽に向かって伸びつづける麦の形には団結を意味するものがあります

「踏まれても踏まれても成長する」とは、しばしば批判や逆風にさらされながらも自らの理想へ向かって突き進んできた中村裕の姿とも重なる。そこには、自立を目指す障害者を励ますとともに、先頭に立って事業を牽引する自分をも鼓舞しようという思いがあったのではないだろうか。
華々しくとり行われた開所式。翌年には社会福祉法人の認可も受けた。だが、当初は苦しいこと

「太陽の家」開所当時のシンボルマーク。
太陽と麦がデザインされている。
［画像提供：社会福祉法人 太陽の家］

ばかりだった。建物は雨漏りがするほど古く、近くに養豚場があったため、悪臭や蚊《か》や蠅《はえ》にも悩まされた。何より問題だったのは、工場として稼働していく見通しがなかなか立たなかったことだ。「運営資金もない、計理担当者もいない、確実な予算も立てられない、賃金体系もない、入所者の教養・娯楽設備もゼロ」と、中村は発足当初のないない尽くしを赤裸々に書き記している。

「建物は老朽化してたけど、それほど不便とは思わなかったですね。でも、仕事はなかったです。向こうから言ってきて(発注して)くれなきゃ、どうしようもない。(太陽の家を)始める時に募集もしたから、(入所者の)人数はあったけど、仕事がないんです。義肢と竹工は、それまでやっていたところだから、仕事はありましたけど、金工とか木工の収入はなかったんですよ」

須崎勝巳の回想である。以前から仕事をしていた業者がそのまま加わった義肢と竹工はともかく、他の三つの部門はゼロからのスタートだった。そう簡単に仕事の発注があるわけはない。関係者が伝手を頼って駆け回っても、成果はほとんどなかった。最初のうちは日用品を買うのにさえ苦労した。入所者の食事をつくるのに、醬油を買う金もなく、中村家にそっともらいに行ったというのは、当時の関係者の間でよく語られるエピソードだ。

それでも、少しずつ仕事が入るようになり、入所者もしだいに増えた。運営にあたる職員を置けるようになったのも大きかった。その一人が丸山一郎である。パラリンピックの語学奉仕団に加わった経験から、福祉の道に進むことを決意して、「太陽の家」の職員となったのだ。

「障害者の工場」という試みに共感して、自ら門をたたいた若者は丸山だけではなかった。伊方《いかた》博義《ひろよし》は高校生時代に別府整肢園を慰問活動で訪れて中村を知り、製紙原料メーカーに四年勤めたのち、「太陽の家」の職員となった。

「中村先生から『障害者の工場をつくるんじゃ』というのを聞いたんです。私は福祉の勉強をしたわけじゃないけど、勤めていた会社で生産管理なんかもさせられてたんで、そういう面ではお手伝いができるかもしれないというので、出入りをするようになったんですね。最初から太陽の家に就職しようと思っていたわけではないんですけど、親兄弟や福祉のお金でしか生きていけない人たちが、自分たちが稼いだ金で生活できるようにしたいんだ、というのを聞いて、それならいい工場にしなきゃいけないなと思ったんです」

正規の職員となったのは一九六七年。そこから、親友となった丸山と組んで実務を牽引した。準備をしっかり整えて始めた事業ではない。すべての面で一から取り組まなければならないのが、開所間もない「太陽の家」だった。

「苦しいなんていうもんじゃない。むちゃくちゃなスタートでした。中村先生は、とにかく自分の思ったことを実現しなければ気がすまない人ですから。多少、無理があってもやっちゃうんですね」

伊方たちは必死に仕事集めをした。それでも、最初のうちは、入所者の労働収入が一日七十円ほどにしかならなかった。まる一日働いても稼ぎは五十円という例もあった。「なんとか儲かる仕事を取ってこなければ」と若手職員は奔走したが、「こんな仕事だけではダメだというのは、肌で感じていた」という。「どんな仕事がいいのか」「これからは電子の時代じゃないか」などと丸山と語り合ったのを伊方は覚えている。まだエレクトロニクスという言葉が一般的になっていないころのことだ。

「私は、『太陽の家』に就職した時、二万円の給料をもらいました。でも、当時、（入所している）障害者の平均収入は三千いくらだったたと思います。それを同じにしたいというのが、私の目標でした。そのためには、儲かる仕事を取ってこなきゃいけません。同い年の人、いっぱいいる。なのに収入は全然違うんです。これには、申しわけないという気持ちしかなかったですよ」

どうにかして彼らの給料を上げたい。なんとか収入の道を増やさねばならない。収益率のいい仕事を導入したい。現場を切り回すスタッフの頭はそのことでいっぱいだった。苦しいからといって、立ち止まっているわけにはいかない。とにかく、がむしゃらに前進するしか道はなかった。

「ああいうふうに集まってきた若い障害者たち、同じような年の障害者とは、同じ仲間として、痛みも喜びもお互いにわかる関係がつくれていたと思います。それがエネルギーになったんだと思いますね」

入所した障害者と一丸となって突き進んできた中村と若手スタッフが、それまでにない手ごたえを感じたのは、早川電機（現シャープ）から電気ゴタツのやぐらづくりの仕事を受注した時だった。同じころ、病院用シーツ業者の下請けとしてクリーニングの仕事も始まった。一九六七年の夏である。

太陽の家は、このときから質的に〝工場〟になったのだ。［略］不自由なからだとはいえ、唇をひきしめ、きびきびと動き回る彼らは、このときから〝労働者〟になったのだ。*3

中村の著書の文からは、生涯をかけて取り組んだ事業がようやく軌道に乗り始めた喜びがあふれている。まだ希望の光がかなたに見えたにすぎない。苦しい状況に変わりはない。が、大規模な生産設備がずらりと並び、モーターの音が響き渡る「工場」の光景は、中村に確信をもたらしたに違いない。「仕事に障害はあり得ない」「踏まれても踏まれても麦は伸びていく」の理想が、まさしく現実となっていく確信である。

そこからの成長は急角度だった。「太陽の家」は業種を広げ、設備を拡充し、働き手を飛躍的に増やして、その規模を着々と拡大していく。一九七二年の「オムロン太陽電機」を皮切りに、大手企業との共同出資会社も次々に設立された。「授産ではなく、自活のための工場をつくる」「障害者自身が経営や管理に携わる」という中村の構想が、ひとつひとつ実現していった。

中村は、大分中村病院を開院したうえで別府整肢園と国立別府病院の役職を辞任し、理事長として「太陽の家」運営に全力をそそいだ。国家公務員の兼職禁止規定に抵触するという指摘を県から受けていたのである。本業を捨てていいものだろうかと中村は思い悩む。だが、思い余って相談した水上勉から、「太陽の家がほんとうの身障者の工場になるまで、あなたはやめるわけにはいかない」と言われて、すっぱりと決断した。著書には「さっぱりした気持ちだった」とだけ書いてある。簡潔きわまりない表現から、かえって決断の重みがうかがえるようだ。

伊方博義は事業畑の中核となって定年まで勤め上げた。重要な仕事を次々と任されたのは、それだけ中村から信頼されていたゆえだろう。が、よく衝突もした。強引で、自分の思いを押し通さずにはいないが、いったん命じたことを「もうやめた」とひっくり返すようなところもあったのが中村である。伊方もその気まぐれに何度も振り回された。「やめたい」と思った時もあるようだ。しかし、そのたびに、「オレはこの仕事をしたいから、ここに入ったんだ」と自分に言い聞かせて思い直してきた。

中村裕という人物には、否応なく周囲の人々を引き込んでしまうところがあったのだと伊方は言う。とにかく自分の思いを実現しなければ気がすまない。そうして不可能を可能にしてしまおうという強引かつエネルギッシュな生き方に、周りの人間も好むと好まざるとにかかわらず、いつしか巻き込まれてしまうというわけだ。

中村と衝突した時、伊方は上司の一人にこう言われたという。

「伊方君、中村先生は龍なんだよ。龍のいるところには雲があるが、雲があって龍がいるわけじゃない。龍というのは雲を、天を変えていくだけの力を持っているんだ。で、龍には逆鱗《げきりん》というものがある。それには触らないようにしなければいけないよ」

確かに中村裕は、いつも上から俯瞰《ふかん》するようにものごとをとらえていたという。「あの方だから、いろんなことが見えていたんじゃないか。細かなところでは反発することもあったけど、大きなことからすると、先生の言う通りだったなと思う方が多かった」と伊方は振り返る。絶対的な力を持つ龍にもたとえられた人物は、確かに強引で気まぐれなところもあったが、常にはるか上空から状況を見定めて、自分の理想とする方向へと突き進んでいたのである。

「世界一、日本一が好きな先生でした。世界で最初、日本で最初という言葉も好きでした。世界一の障害者の工場をつくるんだ、とよく言っていましたね」

その後、「太陽の家」が成長を続け、規模を飛躍的に拡大させてきたのは、障害者福祉の分野で広く知られているところだ。別府市の「太陽の家」を中心に、愛知、京都、日出《ひじ》（大分県）、杵築《きつき》（同）の計五つの事業部を擁《よう》し、共同出資会社は八社に及ぶという一大グループにまで発展を遂げたのだ。創設者の夢に向かって、「太陽の家」は着実に歩みを進めている。

「フェスピック」開催

東京パラリンピックの後は、「太陽の家」にエネルギーをそそいだ中村裕だったが、スポーツのことはいつも考え続けていた。障害者の生活向上のために、スポーツはきわめて重要なものだという思いは終始変わらなかった。

一九六六年には別府で車いすスポーツ大会を開き、パラリンピックで生まれた障害者スポーツ推進の気運を引き続きかき立てようとしている。これには全国からおよそ百人の車いす選手が集まった。一九六九年には、ウィーンで開かれた国際身体障害者競技大会と、十八回を迎えた国際ストークマンデビル競技大会に、「太陽の家」から二人の選手を送った。国際大会に参加した経験を持つ「太陽の家」の入所者が、病に倒れた床で「身体障害者はスポーツによって生き返る」と語り残していたと著書に記したのは、中村自身も同じ思いを抱いていたからだろう。先駆者としての取り組みの中で、「障害者とスポーツ」は常に最重要テーマのひとつとして位置づけられていた。

その思いが再び画期的な形で実ったのは一九七五年のことである。それは「太陽の家」創設と同じく、他の人物では到底なし得なかったに違いない、歴史的な大仕事だった。

「太陽の家」が軌道に乗り、いよいよ十周年を迎えようとしていたところで、中村はひとつの計画を実行に移した。七五年に地元の大分で、主に発展途上国を対象とした障害者の国際スポーツ大会を開こうという大胆な挑戦である。

障害者の国際大会の悩みのひとつには、アジアや南太平洋などの発展途上国の参加が少ないということがあった。一九六四年の東京パラリンピックにしても、それらの地域から出場したのはフィリピン、セイロンとフィジーだけだった。多くの発展途上の国ではまだ障害者福祉の考え方が浸透しておらず、海外のスポーツ大会に選手を派遣するどころではなかったのである。

そうした国にも手を差し伸べたいと中村は考えていた。それは、アジアで一歩先んじていた日本の責務でもあると感じていたようだ。さらにもうひとつ、彼がかねて考えていたのは、「脊髄損傷による車いす使用者だけでなく、すべての障害者が集える大会を」ということだった。

国際ストークマンデビル競技大会は、参加者が車いす選手に限られていた。脊髄損傷で車いす生活となった患者の治療・リハビリから始めて、国際競技大会開催にまで障害者スポーツを発展させてきたルードウィヒ・グットマンが、出場の対象となる障害の範囲拡大を頑として認めなかったのだ。中村もたびたび、他の障害に対する門戸開放を進言していたが、グットマンの答えはいつも「NO!」だった。創始者の意思は絶対の権威を持っていたのである。

だが、日本が創設する大会ならグットマンの大方針に縛られる必要はない。思うような形で計画を進めることができる。

大会後に出された報告書『フェスピック'75』には、その時の中村裕の思いが明快に記されている。

昭和39年11月に開催された東京パラリンピックは、日本の身体障害者対策のあり方、社会の身体障害者に対する理解、身体障害者自身の視野の拡大などに大きな教訓を残してくれた。この東京パラリンピックを契機として、我が国の身体障害者福祉は今までの遅れを急速にとりもどし、長足の進歩を遂げたことはうれしい。同じような効果が国内のみならず、東南アジアの諸国にももたらされたならば、どんなに素晴らしいことだろうと私は考えた。パラリンピックは車いすを使用する身体障害者だけの大会である。私の恩師でパラリンピックの生みの親であるグットマン博士にすべての身体障害者を含めるよう何度か直訴したが、実現しなかった。フェスピックはすべての身体障害者が仲良く参加できる大会にしたい。また、経済的に恵まれない東南アジアの諸国も、出来るだけ多く参加してもらいたい。この二つの願いをこめて、フェスピックは企画された。

こうして「極東・南太平洋身体障害者スポーツ大会」、略称「フェスピック（FESPIC）」が創設された。記念すべき第一回大会は、一九七五年六月、三日間にわたって大分県で開かれることが決まった。招待されたのは、オーストラリア、ニュージーランド、フィジー、香港、インド、パキスタン、クメール（現カンボジア）、ネパール、タイ、トンガ、マレーシア、ニューカレドニア、パプアニューギニア、バングラデシュ、中国、インドネシア、韓国、ナウル、フィリピン、シンガポール、スリランカ、ベトナム、ビルマ(現ミャンマー)、ラオスの二十四カ国・地域である。陸上、水泳、卓球、バスケットボール、フェンシング、ウエイトリフティング、アーチェリー、ダーチャリーの八競技が実施され、肢体不自由、視覚障害、聴覚障害の三部門の選手が参加する総合障害者大会として行われることとなった。

本格準備は前年早々から始まり、中村は準備委員会委員長となって活動を進めた。多くの有力者を巻き込んでいくのは中村の得意とするところだ。フェスピックでは、大会会長にパラリンピックと同じく葛西嘉資をかつぎ出し、厚生省、大分県はもちろん、政治家や財界人の協力もとりつけた。大会の費用は国、県、市、日本自転車振興会などからの補助金によってまかなうこととした。だが、派遣費用を出せない国も少なくなかった。大会創設の趣旨を考えれば、できるだけ多くの国が参加できるようにしたい。となると、日本側で参加費用を提供することも考えねばならない。

ここで大きな力となったのが、「発展途上国をフェスピックに参加させる会」だった。評論家の秋山ちえ子とソニー会長を務めていた井深大《まさる》が中心となってつくった会が、募金活動やバザーでなんと二千五百万円も集めてくれたのだ。これで、派遣費用を出せない国も出場可能となった。

一カ国でも参加が多くなるよう、中村はさらに手を打った。多くの選手が香港経由でやって来ることに着目し、香港からチャーター機で直接大分空港に入れるようにしたのである。ただでさえ行動が制限される車いすの選手にとって、乗り換えなしに目的地に入れるほどありがたいことはなかろう。入国手続きも大分でできるようにするのだ。入国や検疫を司る役所は難色を示したが、なんとかこれで押し切った。

大会会長を務め、この件でも中村とともに尽力した葛西嘉資の話が『中村裕伝』に紹介されている。

羽田に着いたのではまた大分まで乗り換えて行かねばならないから、直に大分空港に着けて、大分で税関などの入国手続きの全てをすませられるようにしようじゃないか、というわけです。中村アイデアだね。こんなことは中村君でないと出て来ない。〔略〕役所はなかなか大分空港に臨時の税関をつくるなどということを許さないわけですよ。それを中村君はやろうというわけだね。〔略〕いろいろ交渉を続けましたら、法務省も大蔵省もみな臨時のを出さざるを得なくなって、とうとう大分に必要な役所がそろいました。

チャーター機は全日空に依頼した。最初は一機の予定だったが、選手が増えて二機にしなければならなくなった。二機だとチャーター料がかさみ、単純に一機の倍とはいかなくなる。大会側にその余裕はない。そこで中村はまた思わぬ手を打ってみせる。『中村裕伝』にある葛西の話はこうだ。

ここで中村君でないとできない芸当がある。中村君が大分から橋本登美三郎氏〔自民党衆院議員。内閣官房長官、党幹事長などを歴任〕に電話かけたんです。橋本氏は運輸大臣もやったことがあるし、とにかく全日空に話をつけてくれて、二機で六百万円〔一機分の倍額〕でいいということになりました。これは、中村式だね……。

ものおじせずに誰のふところにでも飛び込んでいく強引さ。担当者を飛び越えてトップに直訴してしまう剛腕。こうした「中村式」が反発を呼び、批判を浴びることもしばしばだったが、当人は意に介さなかった。批判は承知のうえ、そうしなければ事態が動かないのなら、ためらわずに突進する。実際、それまでも何回となく「中村式」で難局を打開してきたのだ。目的達成のためには手段を選ばない、選んでいる余裕などないと常に覚悟を決めていたのだろう。

第一回フェスピックには十八カ国・地域から六百九十選手が参加した。役員を含めれば九百七十三人。海外からはオーストラリア、バングラデシュ、ビルマ、フィジー、香港、インド、インドネシア、韓国、マレーシア、ネパール、ニュージーランド、パプアニューギニア、フィリピン、シンガポール、スリランカ、タイ、パキスタンが百四十八選手を送ってきた。日本選手団は地元の大分県勢が四百八十四人の選手を送り込んだほか、千葉、茨城、和歌山、長野、北九州市などから五十八選手が加わった。

選手の七割が地元の大分勢。海外からの参加選手は全体の二割ちょっとにとどまっていた。参加国中、半分の九カ国は選手二人と役員一人という小所帯。招待しても参加がかなわなかった国もあった。とはいえ、障害者福祉やスポーツはおろか、国内にどれだけの障害者がいるかさえ、はっきりわかっていない国もあった時代だ。南方の発展途上国でも障害者スポーツを盛んにしたいという思いで、中村は、「椰子《やし》の木の下でも」との言葉をモットーとしていた。そうしたところからも選手を招き、「椰子の木の……」の理想を形にしたことは、それだけでも歴史に残る快挙と言ってよかろう。

好天に恵まれ、大分市営陸上競技場で開かれた開会式では、スタンドを二万五千の観客が埋めた。「ここに歴史的な第一回極東・南太平洋身体障害者スポーツ大会の開会を宣言する」と高らかに告げたのは、大会副会長の一人だった中村である。フェスピックの開催にも、「太陽の家」創設と同様に、到底無理だと思われた時期もあったかもしれない。その困難きわまりない挑戦が本当に実ったのだ。「やろうと思えば、不可能なことはない」の人生哲学を、中村は晴れの舞台であらためてかみしめていたのではないか。

フェスピックでは、「太陽の家」の職員も枢要な役割を果たした。高橋寛もその一人だ。できたばかりの九州リハビリテーション大学校で学び、理学療法士として「太陽の家」の職員となった。福祉を志して、高校時代に訪れた時に「この人たちの役に立つなら」と思って以来の縁である。「太陽の家」初の理学療法士は、医療面からスポーツの指導まで、なんとも幅広い仕事を任されるようになっていた。「なんでも高橋に聞け」。中村がそう言っていると聞いて、医学の専門知識などについても必死に勉強したという。フェスピックは就職五年目、二十六歳で迎えた。

「中村先生はアジアを大事にされてました。自分たちはアメリカやらイギリスやらに教えてもらった、だから今度は自分たちがアジアの発展途上国に貢献するんだ、という考えをお持ちでした。香港やインドやオーストラリアに、グットマン博士のところで出会ったグループの人たちがいて、フェスピックにはその人たちの賛同があったんですね」

「二年ぐらい前から、フェスピックやるぞ、となって、そうなるとウエイトリフティングだとかアーチェリーだとかフェンシングだとか、なじみのない競技が入ってくる。その選手を全部つくれ、と言われて。まあ無理な話ですよね。でも、競技団体に聞きに行ったり、興味ありそうな奴を見学に連れていったり、どういう練習をして、何が必要なのかというのを調べたりしました。フェスピックの準備は、ほんとに大ごとやったですね。用具づくりも大変やった。全部調べて、発注して、なんとかやりました」

大会本番では裏方に徹して働いた。「脈絡なく走り回った。とにかくやらんといけんと思いながら必死にやった」というのがその思い出である。困ったことがあると、中村は「おい高橋」。ずいぶん無茶な注文もあったろう。だが、言われるまま、必死に駆け回って汗を流した。「偉ぶらず、一生懸命。情熱家で真っすぐ」な中村の姿を間近で見ていたからだ。

「(中村は)バスケなんか、夢中で応援してました。(日本チームの試合で)競ったりしたら、手を握りしめて何も言わなくなりますからね。ほんとに頑張って、一生懸命やってる奴を応援する。僕はあの姿が好きやったです」

スポーツは人づくりの方法と中村は考えていた。でも、一生懸命な姿にはただただ感動する。中村裕という人物にはそんな面もあったのだと高橋は振り返る。こうして時折垣間見せる純粋さも、人を惹きつけ、巻き込んでいく力となったに違いない。

ちなみに、フェスピックの車いすバスケットボールで、「太陽の家」メンバーによる日本チームはフィリピンに65—37で勝った。東京パラリンピックで日本が完敗を喫し、中村が切歯扼腕《せっしやくわん》した時の相手である。それだけ日本の障害者スポーツは進化していたというわけだ。

「中村先生を中心として、いろんな有名人が集まって力を貸した。それがフェスピックです。でも、先生がコマの中心ですから、中村先生なしには成り立たなかったと思います」

「フェスピックをやった後、中村先生の社会的評価が変わったと思います。それまでは、目立ちたがり屋だとか、いろいろ批判も多かった。でも、障害者のアジア大会といわれる、あのフェスピックをやり遂げた後は、世間の評価が変わりました。あの人は、ほんとに障害者のことを考えている、と。『太陽の家』に関しても、世の中の理解が広まっていく相乗効果があったように思います」

もうひとつ、高橋の印象に残っているのはこのことだ。

「フェスピックの時、グットマン博士を呼んだんですね。それで、先生が『グットマンが喜んだぞ。ナカムラ、ほんとにやったなと言ってたぞ』と。ああ、そうだろうなと思いました」

中村は著書で、グットマンのねぎらいを感慨深げに書いている。恩師が大分入りした時の言葉はこうだ。


君が十四年前、ストークマンデビルに二人の選手を連れて来たのが、アジアからの最初の参加だった。それがいま、君はアジアの一七カ国の障害者を集める大会をやる。君はわずか半年間私のところにいて、私のすべてを学びとってくれた。私の最良の弟子だ。*4

次に中村は、大会の開幕を見届けたグットマンが今度はこう言ったと記している。

すばらしい大会だ。あらゆる障害者が集まることは、市民の目を福祉に向けるにも役立つ。この大会がそのことを実際に証明した。今後、身障者スポーツ大会はすべてこの方法になるだろう。*5

一番最初にストークマンデビルで会った時、グットマンは中村に「日本人は何人も来たが、誰もここのやり方を実行していない」と手厳しい言葉を投げかけた。また、何度進言しても、すべての障害者を対象とする競技大会には反対し続けた。それが「最良の弟子」「今後はこの方法に」へと変わったのである。先駆者が、もう一人の先駆者の功績を認めてくれたのだった。中村にとって、これほど嬉しい言葉はなかったはずだ。

フェスピックは三日間の会期を無事に終えた。欧米中心で脊髄損傷による車いす選手に限られていた当時のパラリンピックとはいささか違う手ごたえを、参加者は等しく感じていたと思われる。

中村の著書には、インド選手団の役員を務めたM・K・ゲールから大会後に届いた手紙の内容が紹介されている。その一節はこうだ。

障害者は、自分たちのための国際的大会があると聞いた瞬間、新しい生命の流れが全身を走り、ふたたび健常者のような生活が送れるのだろうかと思います。そして、このような大会が実際に行なわれているのを知るとき、ふたたび生きていく望みが生まれてきます。［略］

フェスピックで表彰台に立つ海外選手に
言葉をかける中村裕。
[写真提供：社会福祉法人 太陽の家]

たとえ、大会にはごく一部のものしか参加できなくとも、全障害者に希望を与えてくれます。
*6

フェスピックはこの後、二〇〇六年までにオーストラリア、インドネシア、神戸、タイなどで九大会が開かれ、アジアパラ競技大会へと引き継がれた。パラリンピックには、第一回フェスピックの翌年となる一九七六年のトロント大会で視覚障害と切断の選手が加わり、そこから多様な障害を包含する総合大会へと変わっていく。東京パラリンピックが、すべての面で不十分な内容ながらも、新たな時代への入り口としての役割を果たしたように、この第一回フェスピックも、障害者スポーツが新たな道へと進んでいくための扉を開いたのである。

*1〜6
中村裕『太陽の仲間たちよ』（講談社、一九七五年）

第10章 灯を受け継いだ者たち

東京パラリンピックに出場した日本代表選手は、大半がスポーツ未経験者だった。そもそもスポーツをやるなどとは考えたこともなく、当然ながら車いすでスポーツに取り組む環境はどこにもなく、病院や施設で急ごしらえの練習をして本番の競技に臨んだのは、これまで書いてきた通りだ。それでも、「スポーツっていいもんだな」の思いはそれぞれの心に残った。大会のことを見たり聞いたりした各地の障害者たちも、スポーツへの思いを少しずつふくらませるようになった。東京パラリンピックは、ひっそりと、だが確かに、何ひとつなかった荒野に種をまいたのである。

その種は、あちこちで芽を出し、花を咲かせ、実をつけた。世間からは注目されず、障害者を取り巻く社会全体の環境もなかなか整わないままではあったが、ところどころから、日本の障害者スポーツを前に進める力が現れてくるようになった。リハビリの一環などではなく、日常の楽しみや気晴らしにもとどまらず、「競技」に目覚め「競技者」を志した障害者アスリートである。その草分けの一人が星義輝だ。

障害者アスリートの草分け 星義輝

星が東京パラリンピックを見たのは十六歳の時だった。陸上競技やバスケットボールを観戦した記憶が残っている。

「織田フィールドと代々木第一体育館。体育館の表でもバスケットをやってたなあ。(日本と海外の)差があまりにも大きくて、スポーツ大会ではないような感じでした。バスケットなんか(相手チームが)はい、どうぞって日本選手がシュートを打つ時に空けてくれてね。それでも入らないんです」

「スラローム競技なんかでも、前のキャスターが上げられなくて、十センチくらいの段差が越えられない。そういう状況でした。スポーツという感じじゃない。でも、それをきっかけにして、いまが、今日があるんですけどね」

福島県の会津で生まれ、二歳の時に小児マヒにかかって下半身の自由を失った。しかし、前向きで活発な少年は元気は失わなかった。車いすも手に入れにくいころ。小さいうちは手に下駄をつけて動き回っていたという。山や川でも友だちと一緒に遊んでいたという少年時代だった。

中学からはいわき市の養護学校に行った。初めて車いすに乗ったのは中一の時。学校では杖を使った歩行訓練が中心で、車いすはたまに乗る程度だったが、たちまち自在に乗りこなすようになったのは、少年時代に培った運動能力のたまものだろう。車いすの前輪を浮かせるキャスター上げもすぐにマスターした。精神的にも肉体的にも重度の障害を苦にしない強靭さは、このころからさらにパワーアップしていく。

養護学校を卒業して東京に向かった。国立リハビリテーションセンター(現国立障害者リハビリテーションセンター)で職業訓練を受けるためだ。それがちょうど東京パラリンピックの年だった。そこで、織田フィールドや代々木の体育館に競技を見に行ったのである。キャスター上げもできない日本選手の動きにはなんとも歯がゆい思いをしたに違いない。

だが、障害者の国際大会が開かれ、そこで車いすの選手が躍動する姿は若い情熱と好奇心を大いに刺激した。「よし、オレもやってみよう」と決意したのはその時だった。長く続いていく競技人生の始まりである。

まず目指したのは、全国身体障害者スポーツ大会への出場だ。障害者の国体といわれるこの大会は、東京パラリンピックの置き土産のひとつとして、翌六五年から始まることになっていた。星は会社に勤めて電気製品の組み立ての仕事をしながら、陸上競技のスラロームを国立リハビリテーションセンターで練習した。翌年、岐阜で開かれた第一回の全国大会では陸上、水泳、卓球に東京都代表として出場し、すべてで金メダルを獲得している。その運動能力は十代から際立っていた。

岐阜で関係者や観客を驚かせたのがキャスター上げだった。スラロームで、キャスター(前輪)を上げてくるりと回ってみせると、そのたびにわーっと歓声が響いたという。全国大会に出てくる選手といっても、そこまで自在に華麗に車いすを操れる者はいなかったのだ。しかも使ったのは自分のものではなく、借りた車いすだった。「練習なんてほとんどできない」状態で出場して、会場をわかせる妙技を披露してみせたのである。

もともとやりたいと思っていた車いすバスケットボールの世界に飛び込んだのはその後だった。日本タッパーウェアのチームが華々しく活躍していたのを見て、なおさらあこがれを募らせたのである。東京パラリンピックの後に結成されて、短期間ながら圧倒的な技と強さを誇った伝説のチームが、やがて名選手となる一人の若者をバスケットのコートに引き寄せたのだった。

本格的に始めたのは十八歳。テレビ部品メーカーが多くの障害者を雇用して、車いすバスケットボールにも力を入れることになった時に採用され、静岡県の工場で仕事をするかたわら、毎日練習に励んだ。

「全国からバスケットのうまい連中が集まってました。そこでは補欠でしたから、悔しくてね。朝六時から練習して、仕事が終わってから夜も練習して、と、そんなふうにやってましたよ」

はたち過ぎに東京に戻ってからは、車いす会社の営業や印刷業の写植オペレーターの仕事をしながら、クラブチームで練習に打ち込んだ。いくつものクラブを転々としたのは、とにかく強いチームをつくって日本一になりたかったからだという。一九七六年にトロントで開かれたパラリンピックに日本代表の一員として出場してからは、その打ち込みようにさらに拍車がかかった。

「自分たちは、そのころまでは国内の戦いが百パーセントで、外国の選手なんかとやったことがなかった。日本人のイメージ、感覚でパスしたりすると、パチーンと取られてしまうんです。ノーマークで走ってるなと思って、ランニングシュートをしようとすると、後ろからたたかれる。やっぱり体の大きさですね。腕の長さもある。いままでのままじゃダメなんだ、と。そこからは、日本一も大事だけど、日本のバスケットを世界にどれだけ近づけるかというのが大きな目標になりました」

このトロントで、星は陸上のスラローム、百メートル、千五百メートルにも出場している。スラロームは金メダルである。だが、頭の中はバスケットボールでいっぱいだった。金メダルの喜びは、予選リーグも勝ち抜けなかったバスケットの完敗の陰で、どこかへかき消えてしまった。

以来、星義輝の猛練習は「猛」の目盛りをひとつ上げることとなった。それはたちまち仲間うちで評判となった。「雨の日でもカッパを着て走っていた」「夜は懐中電灯を持って練習しているらしい」——後輩たちは「練習中の星さんには、うかつに声をかけられない」とささやき合った。それほどの集中ぶりだったのである。世界との差を知ってしまったからには、そのまま見過ごしているわけにはいかない。なんとかしてその差を埋めずにはいられない。そう思いきわめて、毎日の練習に取り組んだのだった。

「朝は六時ぐらいに公園に行って、パスしたり走ったりしてました。練習相手なんかいない。もちろん一人です。九時から仕事だから、いったん戻って、仕事が終わると、よそのチームでもどこでも行って練習しました。敵になるチームですからね、向こうは迷惑だったでしょう。でも平気で練習してましたよ。陰で何か言われてたかもしれないけど、それはそれでいいやと思ってね」

「みんな一緒に練習できるような環境だったらよかったんだけど、仕事があるからそうもいかない。それなら、オレ一人だけでもやらなくちゃダメだと思ってました。うまくなりたい、その一心です。仕事以外はすべてバスケットという生活でしたね」

　当時の選手が置かれた状況を、日本車いすバスケットボール連盟会長を務めていた浜本勝行は次のように語っていた。東京パラリンピックの選手だった浜本は、その後の車いすバスケットボールを先頭に立って牽引してきた人物である。

「みな、厳しい生活状況の中でやっています。まず、おやじさん一人に自分一人というようなところに勤めている者が多いので、大会といっても休みもとれない。それから経済的な面がありますね。車いす使用者の給与は、普通の三分の一から四分の一くらい。車がいるのでガソリン代もかかる。みんなぎりぎりのところでやっているんです」

　星もそうした状況の真っただ中にいた。それでも練習に打ち込まずにはいられなかった。一九八〇年のアーネム（オランダ）大会。八四年のアイレスベリー（イギリス）大会。パラリンピック出場を重ね、世界の壁の厚さを実感するたびに、「もっとやらなければ」の思いは強まる一方だった。

　力をできる限り伸ばしたい。技を磨き抜いてみたい。自分の可能性を確かめてみたい。そうして世界の頂点に少しでも近づきたい――それが競技者というものだ。健常者であろうと障害者であろうと、車いすであろうと健足であろうと、いったんその道を突き進み始めた者にとっては何の違いもない。星義輝は、「競技者」としてバスケットボールと向き合うようになっていたのである。

　星が十六歳で見た東京パラリンピック。そこでは、何の経験もないままの選手たちが、おぼつかなげな様子でプレーしていた。その体験でスポーツの面白さに気づいたとはいえ、競技としての深い魅力までは知るすべもなかったに違いない。が、それから十数年をへて、日本の障害者スポーツは、競技者の意識を持った選手を生み出すようにもなったというわけだ。

車いすバスケットボールの世界選手権である「ゴールドカップ」に日本が初めて参加を許されたのは一九八三年。それまでは欧米だけの参加で行われてきたが、パラリンピックで日本が残してきた実績が認められて、アジアの代表も加えられたのである。この初出場にも星は代表選手として加わった。その時、三十四歳。車いすバスケット史に残る名選手といわれるようになっていた星は、そのころ、こんなことをさらりと言ってのけていた。

「もし、願いごとがひとつかなうとしても、もう足を治してくれとは言わないなあ。いや、三つだとしても言わないかもしれないいな」

車いすの競技者であることの誇りが、その言葉にはにじんでいた。自分のあるがままの姿を生かして、できる限りの努力を競技の場で積み重ねていく。それによって自らを高めていくことに深い喜びを見出す。そうした意味で、この言葉こそは障害者スポーツの真髄を表していたかもしれない。

星は一九八八年のソウルまでパラリンピック出場を続けた。四回目だったソウルでは7位まで成績を上げた。オリンピックと同じスタジアムで開会式も閉会式もやった華やかさには「すごいと思った。血が騒いだ」という。競技の一方で、パラリンピック大会そのものの変容も見届けてきたのである。

この後、星は、周囲をあっと驚かせる転身を遂げる。長年、心血をそそいできたバスケットボールのコートを去って、まったく畑違いの車いすテニスを始めたのだ。

一九九二年のバルセロナパラリンピックには出るつもりだった。もちろん、バスケットボールで、である。なかなか世界のトップに近づけない日本のバスケット。上を目指すには3ポイントシュートがカギになるとみた星は、ソウルから帰ってその練習に集中する。一日に何百本も打ち続けた。だが、どうしても思うようなレベルに達しない。そこで決断を下した。

バルセロナに日本代表で出場するのは十分に可能だった。「車いすバスケットでは、王、長嶋のような存在」ともいわれた名選手である。だが、思うようなプレーができないまま、ただ出場する気にはなれなかった。

「世界に勝つためには3ポイントシュートしかない。だけど、結果的に完成できなくて、ほかのプレーまで狂っちゃった。代表に入っても、それじゃ納得できない。それなら、体力のあるうちに、前から興味のあったテニスでアトランタ（パラリンピック）を目指そうと思ったんです」

四十二歳の転身。星は毎日コートに立ち、困難な挑戦に挑み続けた。その奮闘ぶりは、一度は日本ランク1位となり、世界ランクも12位まで上げたという数字が物語っている。テニスでのパラリンピック出場はかなわなかったものの、四十代からまったく異なる競技を始めて、これだけの結果を出してみせたのだ。障害者スポーツ史上、かつてない試みを達成した稀有な例と言っていい。

テニスで海外を転戦していた時、星はよく「あなたは本当に五十歳なのか」と聞かれた。若々しいプレーぶりに驚いて、他の選手が確かめに来るのだ。アメリカのトップ選手には、「自分もそんなふうに年を取りたい。五十歳の時にはあなたのようになっていたい」と、敬意のこもった口調で言われた。年齢にとらわれることなく、ただひたすらに「強くなりたい」と念じていた姿が、それだけ印象的だったのだろう。

星は自らのプレー以外でも障害者スポーツに貢献してきた。車いすの会社に勤めていた時、海外で車輪が「八」の字形になっている車いすを見て、さっそく日本にも導入したのはその一例。その後はスポーツ用で一般的な形になったが、導入当時は大変な評判を呼んだという。前だけでなく、後ろにもキャスターをつけるのも彼が考えたことだ。競技の場で自ら車いすを操ってきたキャリアが、用具改良の面でも生きたのである。

〈一般の人が見ても面白いというレベルにしたい。そうならなければ意味がない〉

バスケットボールでもテニスでも、そのことを常に頭に置いてきた。健常者も障害者もない。誰が見ても面白いと思う中身がなければ競技の意味がない。星の理想である。そんな高い理想も、息長い競技人生を支える力となってきたように思われる。

年齢を重ねて競技の一線を離れてからは、スポーツと向き合う姿勢をいささか変えた。今度は徹底的に楽しむことにしたのである。

〈たとえ貧乏だってかまわない。ここからは好きなことだけをやっていこう〉

そう決めてからは、心ゆくまでプレーそのものを楽しむためにラケットを振るようになった。まずはがむしゃらに突き進み、その後は高い理想を掲げつつ世界に近づこうと自らを叱咤してきた競技人生。やり終えた後は、少年時代に野山を駆け回って遊んだように、ただひたすら楽しむことにしたというわけだ。

「スポーツは自分を表現するもの。自分が生きているという証し。だから、こうして打ち込んできたんです」

星義輝はそう語っている。おそらく、彼の心の中では、健常者選手と障害者選手の区別は消えているに違いない。そこには、一スポーツ人としての満ち足りた思いだけがあるのだろう。

競技者の意識　成田真由美・鈴木徹

障害者スポーツの足どりは停滞しがちだ。まず、障害者が練習のできる、あるいは障害者の練習を許してくれる施設が少ない。仕事をしながら競技を続けられる環境がほとんどない。指導者を見つけるのも難しい。過去とは比べようもないほど発展してきたとはいえ、東京パラリンピックからずっと、その基本的な悩みは解決には至っていないのである。

それは、そもそも障害者のための社会的な基盤やシステムがいっこうに整ってこないことを意味してもいる。となると、障害がある者がスポーツを志しても、それだけでは何も始まらない。つまり彼らは、自らそれぞれに道を切り開いていかねばならないのだ。

だが、そうした中からも、競技者としての意識を持って国際大会で活躍するアスリートが次々と出てきた。星義輝の志を受け継ぐ者たちである。彼ら、彼女らの活躍の意味は大きい。それが、後に続こうとする者にさまざまな道を、さまざまな可能性のありかをはっきりと指し示すことになるからだ。

パラリンピックを世間に広く知らしめた人物といえば、まずはこの選手を第一に挙げねばならない。成田真由美は一九九六年のアトランタから二〇〇八年の北京まで、四大会連続でパラリンピックの競泳に出場し、なんと十五個の金メダルを獲得した。長い空白をへてカムバックを果たし、二〇一六年のリオデジャネイロ大会にも四十六歳で出場を果たしている。この車いすスイマーの活躍によって、一般社会におけるパラリンピックの知名度は飛躍的に上がった。多くの人々が障害者スポーツに目を向け、魅力を知るようになった。その功績はたとえようもなく大きい。

中学一年で、横断性脊髄炎により下半身の自由を失った。水泳を始めたのは二十三歳。それまでは水泳が大嫌いで、プールには近づかなかったのだ。だが、ふと入ってみたプールで、いつもよりずっと自由に体が動くのに気づいた。そこから、ひたすら泳いで力を伸ばしていくことにすべてをそそぐ日々が始まった。

いくつもの困難が次々に立ちふさがる道のりだった。下半身の自由を失っているのに加え、泳ぎ始めてから遭った不運な交通事故で頸椎《けいつい》を損傷したことも、体のあちこちに深刻な後遺症を残した。体のことだけではない。車いす使用者を受け入れてくれるスイミングクラブもなかなか見つからなかった。そうした難題をひとつひとつ乗り越えていくところから始めなければならなかった水泳人生である。

クラブが決まり、コーチの指導を受けるようになると、彼女は一直線に突き進んだ。厳しい練習にも耐えた。しばしばプールで意識を失ったのは、多くの不調を抱えていた体の許容範囲ぎりぎりで練習を重ねていたことを示している。それでも、けっしてひるまなかった。泳ぐという行為そのものが、たまらなく好きになっていたからだ。

〈こんなに一生懸命になれるものが自分にはある。なんて嬉しいことだろう。なんて幸せなんだろう〉

「障害といっしょに与えられたんだ」とは、彼女がしばしば感じたことだ。泳ぐ喜び、一生懸命に打ち込めるものがある喜びは、障害とともに天から与えられたのだと感じるようになったのである。

そうした中で彼女は決断した。「競技者になる」と決めた。できる限りの練習を積んで、できる限り力を伸ばし、最高の大会で最高の選手たちに真剣勝負を挑む。ただ楽しむだけでなく、自らを極限まで研ぎ澄まして戦いに臨むアスリートとしての道を彼女は選択したのだ。

そこから練習のレベルはさらに上がった。体の不安は相変わらずだったが、「本物の競技者に」の決意がそれを乗り越えさせた。そうして泳ぎを飛躍的に向上させたのが十五もの金メダル獲得へとつながっていく。厳しい練習を重ねて培ったトップアスリートとしての魂が、自らの限界線を押し広げていった足どりはたくましく、力強い。

驚異的な金メダル獲得数。が、彼女の真価はそこにとどまらない。何より大きな功績は、ひたむきな努力がどれほど大きな力となるかを明快に示したことだろう。それは障害者スポーツのみならず、スポーツ界全体が学ぶべき指針とも手本ともなっている。

いったん競技の一線を離れた後、六年の空白をへて復帰してからの活躍は、この伝説のスイマーにもうひとつの伝説をつけ加えた。四十六歳でのカムバックがどんなに大変かは言うまでもない。

まして、さまざまな不安を体のあちこちに抱えている身である。だが、すぐに本来の泳ぎを取り戻し、リオデジャネイロでパラリンピックの舞台に戻った。ただ復帰しただけではない。五十メートル自由形で自己記録に100分の1秒と迫り、五十メートル背泳ぎではアジア新を出してみせたのだ。クラス統合でより障害の程度の軽いクラスに組み入れられるようになっていたため、順位はそれぞれ5位にとどまったが、四十代半ばにしてかつての全盛期を上回るほどのタイムで泳いだことには、まさしく金メダル級の価値があったと言えるだろう。

勢いは止まらなかった。リオの年の秋には、五十メートル自由形で、初めて39秒を切る38秒84を出した。実に十二年ぶりの自己記録更新だった。彼女はまたしても泳ぎを進化させたのである。

「人間が持っている可能性というものを、子どもたちにも気づいてもらいたい」というのが彼女の願いだ。競技者・成田真由美は、自らの身をもって、可能性は無限であることを示し続けている。

日本の障害者スポーツに二つの新たな道筋をつけたのは鈴木徹だ。まずは日本初の義足のハイジャンパーとして世界の頂点に迫り、さらには、健常のトップアスリートと同様の形で競技に専念する形をつくってみせた。双方の面で、かつてなかった可能性を示したのである。

高校時代はハンドボールの有望選手だった。交通事故で右脚をひざ下から失ったのは大学入学の直前。だが、鈴木は「スポーツで生きていく」という以前からの決意をいささかも変えなかった。

筑波大学で取り組んだのは陸上競技である。その中から狙いを絞ったのが走り高跳びだ。日本では誰もやったことがなかった義足のハイジャンプ。知識も情報もない。指導者もいない。すべては自分で考えていくしかない。鈴木は、「義足で走る」ことを広める活動を続けてきた義肢装具士の臼井二美男《うすいふみお》と手を携えて、数々の試行錯誤を繰り返した。なかなか先の見えない挑戦を支えたのは、「障害があっても、競技者として生きていきたい」という情熱だったに違いない。

大きな成果が生まれたのは二〇〇六年のことだ。2メートルの高さを跳んだのである。義足のハイジャンパーとして2メートルに達したのは世界で二人目だった。スポーツ史に残る快挙と言えるだろう。

パラリンピックには二十歳で出場した二〇〇〇年のシドニー以来、五大会連続で出場してきた。6位、5位、4位と順位を上げてきたが、パラ陸上で最もレベルの高いクラスのひとつとあって、メダルにはまだ届いていない。だが、二〇一七年の世界選手権では銅メダルを獲得し、初めて世界大会の表彰台に上がった。自己ベストは2メートル02まで伸ばした。彼の一歩一歩は、そのまま義足の陸上競技が進化していく足どりとなっている。

もうひとつの価値ある足跡は、スポンサーを得てプロとしての活動を続けてきたことだ。

「競技中心の生活をしてみたいというチャレンジ精神だけでした。やりたいと思うことをできるうちにやろう。あとで後悔しないようにしよう。それだけでした」

鈴木の回想である。競技者なら誰もがそう願う。彼もまた、ごく自然に、競技者として誰もが抱く理想形を形にしてみたいと思ったのだ。

『会社四季報』から可能性のありそうな会社を百ほど選び、片端から電話をかけて支援を依頼するという、気の遠くなりそうな作業から始めた。ほとんどは取りつく島もないような対応だったが、応じてくれた企業が三社あった。こうして始まったプロ活動が、新たな支援企業を獲得していくことによってその後もずっと続いてきた。

プロ活動を始めたのは二〇〇五年だった。障害者スポーツへの注目がまだほとんどないころだ。障害者アスリートにとっての最大の課題は、いまも昔も「いかに競技環境を整えるか」。そこを考えれば、この試みの意義がいかに大きかったかがわかるだろう。

〈義足を使いこなすということには終わりがない。自分でひとつひとつ積み重ねていくしかない〉

開拓者の競技哲学だ。ハイレベルな記録を持つ義足のハイジャンパーは世界を見渡してもきわめて少ない。長い目で見れば、義足の競技はまだ始まったばかりともいえる。鈴木徹は、その脚でバーを跳び越えるたびに、競技史に新たな章を開いているのである。

境界を超える存在　マルクス・レーム

東京パラリンピック以来の半世紀あまり、パラリンピック大会をはじめとする障害者スポーツは、さまざまな紆余曲折をたどりながら今日までを歩んできた。大きな変化もあったたし、いっこうに変わらない面も残っている。いずれにしろ、その進化はさらに新たな地平を開いていくはずだ。そこで、この項はマルクス・レームの話で締めくくりたい。

一九八八年にドイツで生まれ、十四歳でウェイクボードの事故により右脚のヒザ下を失った。だが、レームは義足をつけてスポーツの世界に復帰。陸上・走り幅跳びを始めると飛躍的な成長をみせ、ついには8メートル越えの大ジャンプを我がものとした。二〇一八年には8メートル48まで自己記録を伸ばしている。

二〇一二年のロンドン、一六年のリオとパラリンピックを連覇しているのは当然だが、何より驚かされたのは、彼が健常のトップジャンパーに劣らない跳躍を連発してきたことだ。ロンドンオリンピックの男子走り幅跳びの優勝記録は8メートル31。リオでは8メートル38。レームのベスト記録はそのどちらをも大きく上回っている。これはもう革命的な出来事と言うしかない。彼は、障害者スポーツと健常者スポーツとを隔てていた壁を一気に跳び越えてしまったのである。

障害者スポーツはずっと、健常者スポーツの背中をはるか遠くに見ていた。障害がある以上、その差を埋めることなどできるわけがないと誰もが思っていた。追いつこうという考えそのものがなかったに違いない。だが、このドイツ人ジャンパーは、それまでの常識をあっさりと覆して、健常者選手に追いつき、追い越してしまったのだ。

レームには、居並ぶ健常のトップジャンパーを抑えてドイツ選手権に優勝した実績もある。当然、オリンピック出場には意欲を示してきた。だが、国際陸連（現世界陸連）が「義足が有利に働いていないことを選手側が証明しなければならない」との条件をつけたため、参加を断念せざるを得なかった。とはいえ、この問題はまだ決着してはいない。

カーボンファイバー製の競技用義足は年々進歩してきており、その反発力はかなりのものだ。が、それを使いこなすのはきわめて難しい。不安定で、装着して立つだけでも、慣れない者はフラフラと動いてしまうという難物なのである。それを着けて全力疾走し、力強く踏み切って8メートルを跳べるという能力は、おそらく何千人に一人、何万人に一人にしかないだろう。しかも、それだけ稀有な才を持ち合わせていたとしても、その域に達するには、文字通り血のにじむような努力を求められる。少々の反発力など、それに比べればわずかな要素でしかない。全体を考えれば、義足の反発力が、問題にするほどの大きな助力にも顕著な有利さにもなっていないのは明らかではないか。

それはつまり、こういうことだ。レームは、反発力のある義足をつけているから強いのではない。競技用義足を使いこなすという難題を乗り越えたうえで、健足のトップジャンパーと同様のハイレベルな練習を積み重ねてきたからこそ、彼はこれほど強くなったのである。なのに、義足にいささかのプラスが含まれているからといって、それだけを理由にしてオリンピックから閉め出すのはなんとも不合理と言わねばならない。いずれ第二、第三のレームが出てくるだろう。その時、スポーツ界はどう対応するのか。健常、障害双方の競技者、さらに関係者や多くのファンを納得させられるだけの答えが、果たして出せるのだろうか。

「オリンピックとパラリンピックをひとつの大会にすべき」という論があるが、それは双方の方向性をわきまえない、いささかピントが外れた考え方だと思う。両者の基本の精神はそれぞれに異なっているのだ。世界の若者がスポーツを介して集うためにつくられ、その後は最高峰の技と力を競う場となってきたオリンピック。一方のパラリンピックは障害のある人々の社会復帰促進の一環としてスタートし、多くの障害者がスポーツに親しめる環境をつくるための象徴として発展してきた。それぞれに意義深く、それぞれに魅力がある。木に竹を接《つ》ぐような形で一緒にする必要などない。

とはいえ、障害者スポーツの発展は、レームのようにその境を軽々と跳び越える存在も生むようになってきた。もちろん、現時点でのそれは例外中の例外だ。が、遠い将来には、さらに「例外」が増える時代が来るのかもしれない。思いもよらない変化が生まれてくるのかもしれない。

そこを突き詰めて考えていくと、このことが頭に浮かんでくる。マルクス・レームの跳躍は、スポーツ界だけでなく、この社会全体に対して、鋭い問いを突きつけているのではないか。「障害とは何か」「障害者と健常者の違いとは、いったい何なのか」という根源的な問いである。進化を続ける障害者スポーツは、これからの社会がいかにあるべきかを我々に考えさせる役割も果たしているようだ。

エピローグ

この東京パラリンピックの物語は一枚の写真のことから書き起こした。大会の開会式で、選手宣誓者と選手団長が並んで写っている写真である。物語の締めくくりには、あの二人の「あれから」を書いておくことにしよう。

中村裕が死去したのは一九八四年七月のことだ。持病がありながら力の限り奮闘し続けた末の、五十七歳という早い旅立ちだった。

東京パラリンピック開催に力を尽くし、そののち「太陽の家」やフェスピックを創設するという大仕事を次々となし遂げてからも、中村はただの一時も立ち止まらなかった。「太陽の家」を牽引する理事長として、障害者スポーツの道を開いていく開拓者として、また深い経験を持つ医師として、それぞれの分野で休みなく業績を積み重ねていった。とりわけ縁の深いパラリンピックでは、東京大会に引き続いて、テルアビブ大会、ハイデルベルク大会、トロント大会、アーネム大会で連続して日本選手団団長を務めている。スポーツの分野では、大分国際車いすマラソン大会創設の功績も忘れるわけにはいかない。

そうして走り続けた末に力尽きて倒れた。ただ、体調はすぐれなくとも、障害者のためにすべてをそそごうとする情熱はいささかも熱さを失わなかったようだ。本人も、残された人生があまり長くないのをどこかで感じていたのかもしれない。全力で駆け抜けた一生に悔いはなかったろう。

死去した時、思い出の地であるイギリス・アイレスベリーではパラリンピックが開会したところだった。ニューヨークとアイレスベリーの分散開催となったのは、のちに第七回パラリンピックと認定された大会である。その生涯は最後までパラリンピックと深く結びついていた。

ともに仕事をした者からは、自ら雲を呼び雨を呼び、天を変えていく龍にたとえられたことがあった。やりたいことをやりたいように押し進め、はたからは不可能と思えることまでも実現してきた生き方が、まるで龍のようだったというわけだ。時には強引さに反発を受けながらも、はるか高みからの独自の視点で将来を見据えてきたのが中村裕である。龍の魂は、いまも天上から進むべき道を指し示そうとしているかもしれない。

青野繁夫は、東京パラリンピック出場の後も十年ほど国立箱根療養所で暮らした。二十二年におよんだ療養所生活を終えて郷里の静岡に戻ったのは、一九七四年の夏である。それからは実家の近くに家をつくり、妻とともに静かに暮らす日々を送った。

弟の青野行雄によれば、パラリンピックの後、兄の様子は大きく変わったという。

「人が変わったように元気になりました。快活になりましたね。療養所でも、車いすで廊下を元気に走り回っていましたよ」

「こっちに帰ってきてからは、車の免許を取って、奥さんと遠出したりもしてました。うちにもしょっちゅう車で来てましたね。ご近所の皆さんと碁を打ったりしてたし、皆さんのいろいろな相談にも乗っていたようですよ」

なつかしい郷里に帰って、久方ぶりにゆったりと落ち着いて暮らした毎日。パラリンピックの思い出を口にすることはなかったというが、あの時を境に、暗く沈みがちだった気持ちが明るく前向きになったのは、家族の目にもはっきりと映っていた。歴史に残る大会に出て、選手宣誓も務めたという稀有な体験が、不運に翳《かげ》っていた青野の心の中で何かを変えたのである。

一九八六年秋、急な病により、六十五歳で死去。戦争に翻弄され、若くしてどん底に突き落とされた人生も、晩年は穏やかな日常に包まれていた。

ともに一九二〇年代に生まれ、一九六四年にただ一度だけ、それぞれの人生が交錯した中村裕と青野繁夫。経歴も立場もまったく異なっていたが、東京パラリンピック大会がおのおのの人生の中で特別な位置を占めていたことは共通していた。カメラのレンズにともにおさまった、あの一瞬。いまもなお、二人は写真の中に並んで、長く語り継ぐべき歴史の一断面を人々に伝えている。

あとがき

長いスポーツ取材の中でもっぱら目を向けてきたのは、あまり注目されない競技やさほど目立たない選手だった。誰もが関心を寄せる人気競技のスター選手に輝くような魅力があるのは言うまでもない。それでも目立たない側にばかり取材の足を運んできたのは、そこにもまた、人気競技やスター選手の場合と同じように、あるいはそれを超えるほどに興味深い物語が隠れているのを知っていたからだ。

一九六四年に開かれた東京パラリンピックは、当時もその後も、いまに至るまでほとんど注目されないままだった。二〇二〇年東京オリンピック・パラリンピックの開催が決まってからはメディアで時々取り上げられるようになったが、とはいえ、国民こぞって熱狂したオリンピックの直後に開かれたという以外のことを知る人はひと握りに違いない。障害者スポーツに関心を寄せる人々にしろ、その内容となると首をかしげるのではないか。

私もそうだった。この取材を始めてからも、どんな大会だったのかというイメージはなかなか固まってこなかった。本文に書いたように、国内では障害者スポーツという概念すらない時代に、病院や療養所から急ごしらえの選手を集めて開かれたものなのだ。スポーツライターとしては、どこかに競技大会としての姿が見えてきてほしかったのだが、そもそもこの大会ではスポーツそのものの影がいささか薄かったのである。

だが、取材を進めるにつれて、大会を構成するさまざまな側面が見えてきた。先駆者を中心に、まったく土台のない状況から、障害者とスポーツを結びつけていった人々。「障害者のオリンピックのようなものがあるらしい」としかわからないところから始まり、短期間で大会の形が整えられていった経緯。奉仕で開催を支えた若者。そして、考えもしなかったスポーツとの出合いに戸惑いながらも、パラリンピックの舞台に立った選手たち。その稀有な経験を糧として、自立への思いを抱くようになった彼らのその後——。顧みられることもなく、半世紀にわたってひっそりと歴史のひだに埋もれたままだった大会にも、やはり、豊かな中身を持つ物語がいくつも秘められていたのである。

一九六四年の東京パラリンピックはもっと知られていい。いや、知られなくてはならない。これは日本の障害者スポーツとパラリンピック運動における最初の一歩なのである。そこにはいまも学ぶべきものがたくさんあるはずだ。二〇二〇年大会に浮き立つだけでなく、大河の最初の一滴もあらためて見つめ直すべきではないだろうか。

不十分な取材、不十分な内容ながらも、埋もれたままだった歴史のひとこまを紹介できたのは嬉しい。ほとんど誰も注目しなかった物語にいささかでも光を当てることができたのを誇りに思う。それこそが、目立たない側ばかりを書いてきたスポーツライターの喜びなのだ。

二〇二〇年三月　著者

参考文献

大会写真集・報告書

『パラリンピック 国際身体障害者スポーツ大会写真集』国際身体障害者スポーツ大会運営委員会、一九六四年

『パラリンピック東京大会報告書』国際身体障害者スポーツ大会運営委員会、一九六五年

『フェスピック'75』第一回極東・南太平洋身体障害者スポーツ大会実行委員会、一九七五年

書籍・雑誌・レポート

沖野亦男編「身体障害者スポーツ」一九六一年

グットマン『身体障害者のスポーツ』市川宣恭監訳、医歯薬出版、一九八三年

国立療養所箱根病院創立50周年記念誌編集委員会編『創立50周年記念誌』一九八八年

笹川スポーツ財団『オリンピック・パラリンピック 歴史を刻んだ人びと』（スポーツ歴史の検証）二〇一九年

笹川スポーツ財団『日本のスポーツとオリンピック・パラリンピックの歴史』（スポーツ歴史の検証）二〇一七年

笹川スポーツ財団『パラリンピアンかく語りき——障害者スポーツと歩む人びと』（スポーツ歴史の検証）二〇一六年

佐藤次郎『あした光りのなかで——成田真由美という伝説』集英社、二〇〇六年

佐藤次郎『義足ランナー——義肢装具士の奇跡の挑戦』東京書籍、二〇一三年

中川一彦『身体障害者とスポーツ』日本体育社、一九七六年

中村裕『太陽の仲間たちよ』講談社、一九七五年

中村裕、佐々木忠重『身体障害者スポーツ』南江堂、一九六四年

中村裕伝刊行委員会編『中村裕伝』中村裕伝刊行委員会、一九八八年

日本障がい者スポーツ協会「障がい者スポーツの歴史と現状」二〇一五年

日本身体障害者スポーツ協会『創立20年史』一九八五年

森廣正『ドイツで働いた日本人炭鉱労働者——歴史と現実』法律文化社、二〇〇五年

Brittain, Ian, *From Stoke Mandeville to Sochi : a History of the Summer and Winter Paralympic Games*, Common Ground, 2014

佐藤次郎
さとう・じろう

1950年横浜生まれ。

中日新聞社に入社し、同東京本社（東京新聞）の社会部、特別報道部などをへて運動部勤務。

夏冬合わせて6回のオリンピック、5回の世界陸上を現地取材。

運動部長、編集委員兼論説委員を歴任したのち、2015年退社。

スポーツライター、ジャーナリストとして活動している。

ミズノスポーツライター賞、JRA賞馬事文化賞を受賞。

著書に『東京五輪1964』（文春新書）、

『オリンピックの輝き――ここにしかない物語』

『義足ランナー――義肢装具士の奇跡の挑戦』（以上、東京書籍）、

『砂の王 メイセイオペラ』（新潮社）など。

1964年《せんきゅうひゃくろくじゅうよねん》の東京《とうきょう》パラリンピック
すべての原点《げんてん》となった大会《たいかい》

2020年5月12日 第1刷発行

著者
佐藤次郎

発行所
株式会社 紀伊國屋書店
東京都新宿区新宿3-17-7
出版部(編集)03-6910-0508
ホールセール部(営業)03-6910-0519
〒153-8504 東京都目黒区下目黒3-7-10

装幀
日下充典

本文デザイン
KUSAKAHOUSE

校正・校閲協力
鷗来堂

印刷・製本
シナノ パブリッシング プレス

ISBN978-4-314-01172-3 C0036
Printed in Japan
定価は外装に表示してあります